KB217867

노숙자 구두닦이에서 억대 연봉 강사가 되다

1막 2장 희망을 쏘다

노숙자 구두닦이에서 억대 연봉 강사가 되다

1막 2장 희망을 쏘다

초판 1쇄 인쇄일 2016년 11월 1일
초판 1쇄 발행일 2016년 11월 5일

지은이 최일주
펴낸이 양옥매
디자인 남다희
교 정 조준경

펴낸곳 도서출판 책과나무
출판등록 제2012-000376
주소 서울특별시 마포구 방울내로 79 이노빌딩 302호
대표전화 02.372.1537 **팩스** 02.372.1538
이메일 booknamu2007@naver.com
홈페이지 www.booknamu.com
ISBN 979-11-5776-301-6(03320)

이 도서의 국립중앙도서관 출판시도서목록(CIP)은 서지정보유통지원 시스템 홈페이지(http://seoji.nl.go.kr)와 국가자료공동목록시스템(http://www.nl.go.kr/kolisnet)에서 이용하실 수 있습니다.
(CIP제어번호 : CIP2016026237)

노숙자 구두닦이에서 억대 연봉 강사가 되다

1막 2장 희망을 쏘다

최일주 지음

지금까지 파란만장한 삶을 살아오면서 깨달은 지혜가 있다
인생은 동굴 속이 아니고 터널 속이다
현재 당신이 어두침침한 터널 속에 있다고 해서
계속해서 그 자리에 머무는 것은 아니다
언젠가는 터널에서 나와 당신을 기다리고 있는
찬란한 태양을 마주하게 될 것이다

책과나무

자신의 삶을 세상의 빛과 소금으로

– 꾸미지 않은 진솔한 이야기

정노연 (21세기 5세대 힐링에너지연구소 소장)

전국 투어를 하면서 강연을 펼치고, 귀가해서는 아내와 엄마의 역할에 충실하면서 자기계발과 강의 준비에 여념이 없는 바쁜 일과 속에서도 조금씩 모아 둔 글들을 꺼내어 세상에 빛으로, 소금으로 사용하려 노력하는 아내를 지켜보면서 나는 날마다 감동을 느낀다. 세상을 살아가면서 무엇 하나 소중하지 않은 것이 있으랴만, 자신의 삶을 각색하거나 꾸미지 않고 진솔한 모습을 귀한 보석으로 알알이 엮어 가는 진실함에서 또다시 아내의 순수를 보고 느낀다. 50대의 나이에 이렇게도 천진스러울 수가…….

교제가 시작되면서 느꼈던 감정들이 새롭게 살아났다. 각박하고 어려운 세태에 이렇게도 순수하고 착하디착한 사람이 있다는 게, 나에게는 참으로 큰 축복이라는 생각을 한다. 모든 면에서 배우려는 자세와 열린 마음을 보면서 나는 생각해 보았다. '이런 사람이라면, 이 여인의 영혼에 그림을 그릴 수 있겠구나.'라는 결론에 도달하면서 사랑을 고백하고 지금도 키워 가고 있다.

처음 함께하면서는 어려움도 많았지만 아내의 에너지레벨 상승으로 땅속을 헤집고 나온 죽순이 대나무로 자라나듯 하루가 다르게 성장하며 표현하는 아내를 보면서 대견함과 고마움을 느꼈다. 50대의 나이에도 변화와 성장이 가능하다는 것을 아내를 통해서 알게 되는 귀한 경험을 하고 있다. 방어와 자신을 감추기에 급급하여 꾸미고 치장하던 내면의 옷을 벗어던지고 순수를 보일 수 있을 만큼 성장한 아내가 일상에서의 모든 것을 표현하며 보여 주려 글을 쓰는 아름다움에서 사랑스러움을 느낀다.

일상을 강연처럼, 강연을 일상처럼. "이 세상은 음악으로 가득 차 있다. 내가 들을 수 있는 귀만 있다면."이라고 말하던 〈어거스트러쉬〉라는 가족영화의 끝 자막에서처럼, 이 세상 모든 일에서, 모두를 스승으로 생각하고 배우려고 늘 노력하는 모습을 강연으로 풀어낼 정도의 성장이 호흡조차도 버거웠던 소통의 부재를 풀기 시작했으며, 가정에서의 천국이 무엇인지를 느끼며 누리는 삶으로 변화되기 시작했다. 같은 주제, 같은 내용의 강연을 펼칠지라도 예전의 아내가 아닌 청강생들의 심령을 움직이는 살아 있는 강의를 하고 있다. 이제는 높은 에너지레벨에 올라서고 유지하면서 많은 사람들로 하여금 꿈과 희망을 가지게 하고 자신감 넘치는 믿음, 온몸을 사를 수 있는 열정으로 펼쳐 갈 수 있도록 해피바이러스를 전파하고 세상에 선한 영향력을 끼치고 있다. 강연을 듣는 청강생들로 하여금 머릿속에 상영관을 만들어 주어 하나로 소통하면서 강의적 오르가슴을 느끼고, 청강생들에게 감동으로 함께 호흡하는 희망과 열정의 아름다운 소통이 자신이 바라던 강연이라고, 이렇게까지 성장하게 도와 준 남편과 하나님께 감사와 영광을 드린다는 아내에게 나는 사랑으로 감사와 대견함을 가진다.

이것이 인생이다!

– 일어설 수 있다는 희망과 용기의 메시지

정택수 (한국자살예방센터장/우석대 초빙교수)

'이런 삶을 살아오신 분도 계시구나!'

최일주 원장님의 살아온 삶의 이야기를 강연으로 들으며 나도 모르게 눈시울이 뜨거워졌지요. 두 번째 강연을 들을 때도 역시 이 남자를 울리시더군요.

저도 정말 힘들다며 삶을 포기하려는 분들을 상담하는 심리상담전문가로서 원장님 사연을 알게 된 후, 절로 존경하게 되었습니다. 어떻게 장애를 가진 분을 포용하고 살아왔을까? 그것도 모자라 여성으로 가장 끔찍한 인격모독을 듣고서도 살아왔을까? 오죽했으면 견디지 못하고 하나뿐인 소중한 삶을 포기하려 했을까?

절체절명의 위기에서 작은 희망의 빛, 지금의 옆지기(남편)와의 만남에서 인생의 터닝 포인트가 되었지요. 긴 어둠의 터널을 지나 이젠 희망을 전하는 전도사로서 제2의 멋진 삶을 살고 계시는 원장님을 존경합니다. 앞에서 간략히 원장님의 삶의 줄거리만 언급하였습니다. 저는 원장님의 삶을 더 알고 싶어서 원장님의 첫 번째 책을 단숨에 읽고 많은 감동을 받았습니다. 요즘 힘들다며 하나뿐인 소중한 삶을 쉽게 포기하려는 사람들에게 원장님의 책을 읽어 보라고 추천하였습니다. 책을 읽으면서 정화작용(catharsis)

이 형성되어 독서치료(bibletherapy)효과가 있기 때문입니다. 우울한 대한민국, 자살공화국인 대한민국의 국민들에게 강연이 아니더라도 책을 통해서 원장님의 영혼의 메시지를 전해 줄 수 있기 때문입니다.

첫 번째 책 못지않게 이번에 출간되는 책은 우리 국민의 심리치유책으로 더욱 기대가 되고 설렘으로 다가옵니다. 이 책은 힘겨운 우리 국민들의 억압된 핵심 감정들을 풀어주고, 그들에게 다시 한 번 할 수 있다는 희망과 용기의 메시지를 전해 줄 것입니다.

최일주 원장님, 다시 한 번 불러 보고 싶습니다.

원장님과의 소중한 만남, 고맙습니다. 존경합니다.

어려운 이들에게 희망을!

– 요즘 시대에 만나기 힘든 진정성 있는 책

백항선 (세계아동요리협회 협회장)

최일주 원장님! 정말 축하드립니다. 글 쓰는 재주가 남다르다 느꼈었는데, 역시나 또 출간을 하시는군요.

원장님과의 인연이 어느덧 2년이 지나는군요. 처음 SNS를 통해서 알게 되었었고, 글을 읽으면서 감동을 많이 받았었던 1인이었었죠. 카카오스토리와 블로그의 글을 읽을 때마다 재치 넘치는 글들을 읽는 내내 다음 글이 기다려지기도 했고, 정성껏 댓글을 달면서 남다른 관계를 맺게 되었던 우리!

2년 전 서울역 노숙자들이 모인 광장에서 강의를 하신다기에 제일 먼저 달려가서 원장님을 안아 드렸던 기억도 생생합니다. 그때의 감동적인 순간을 잊을 수가 없습니다.

그날은 마침 날씨도 더웠던 때라 옆에 앉아 있기만 해도 냄새가 진동을 하였었는데도 아랑곳하지 않고 감동적인 강연을 하는 모습에서 저는 또 한 번 놀랐습니다. 그곳에 있었던 사람들이 감동을 받고 진지하게 듣고 있었던 그 모습 또한 저에게는 충격적인 모습이었지요.

그런데 더 놀랐었던 모습은 강연이 끝난 후, 그곳에 계셨던 노숙자 분들을 한 분, 한 분, 안아 주시는 모습과 악수를 해 주시던 모습입니다. 보통 사람이라면 그렇게 못했을 텐데……. 저는 그날 보면서 테레사수녀님을 연상했었습니다. 사랑과 배려, 나눔을 서슴지 않고 행하는 모습에서 저는 그날 감동을 받았고, 제 마음속으로 최일주 원장님이 들어왔답니다.

알고 계신 유명 인사님 들도 많으신데, 제게 추천사를 부탁하시니 정말 영광입니다. 요즈음 시대에 만나기 힘든 진정성 있는 최일주 원장님은 차마 꺼내기 어려운 이야기들도 누구나 쉽게 이해할 수 있고 재미있게 볼 수 있게 구성하여 이 책에 담았습니다. 근심이 있는 사람이라면, 분명 이 책을 통해 희망을 가질 수 있을 것입니다.

자신이 이야기를 매일매일 글로 쓰고 계신, 근래에 보기 드문 원장님이시십니다. 읽는 사람들 모두에게 지침서와 다름없는 이 책의 출간을 진심으로 축하드립니다. 최일주 원장님의 책을 진심으로 추천합니다.

희망의 씨앗을 파종하다

– 이 시대 꿈의 아이콘이 가꿔 온 열매와 결실

이화연 (월간 『좋은 만남』 편집국장)

『좋은 만남』은 다양한 전문 작가들이 독자들에게 전문성 있는 정보를 전달하며 소통해 가는 대중문화잡지이다. 최일주 원장은 삶이 고단하고 때로는 정신이 아픈 현대인 독자들에게 매달 희망 메시지를 보내와 적잖은 치유와 자존감 극복을 실현토록 힘을 실어준다.

그는 무엇보다 자신의 강의록을 풀어 꿈을 자주 이야기한다. 우리가 살아 있다는 것은 꿈도 함께 존재하는 것이라고 늘 강조하곤 한다. 화려한 부자들보다 가난하지만 마음의 섬김이 아름다운 이들을 사랑하는 그녀다. 구두닦이부터 식당의 설거지 일까지 하며 자신을 외면한 세상이 주는 상처 때문에 눈물 많았던 과거를 서슴없이 꺼내든다. 그러나 하늘의 빛은 누구에게나 공평함에 대하여 강조하며 그 빛을 꿈의 현장에서 우리가 함께 쬐고 있음을 실감케 한다.

그는 부지런하다. 이웃과 독자, 강연을 듣는 관객들에게 오늘은 또 어떤 희망의 씨앗을 파종할 것인지 연구하고, 이를 또 애지중지 다독여 간다. 스스로 가꿔 온 열매와 결실을 한 권의 책으로 준비했다. 책장을 펼치면 한 모금 두 모금 내리쬐는 햇빛처럼 그의 희망 영양소가 솔깃솔깃 바람처럼 불기 시작한다.

세상은 우리가 함께여서 살아 볼 만한 것이라고.

최일주! 이 시대의 진정한 꿈의 아이콘이다.

| 프롤로그 |

희망을 파는 전령사

2009년 8월 25일, 첫 번째 책 『당신이 이기기 전에는 끝이 아니다』가 출간되었다.

눈물로 쓴 이 책은 많은 사람들에게 희망을 안겨 주었다. 감사한 것은 죽음의 문턱을 넘으려고 했던 사람들이 책을 읽고 빛 가운데로 나와서 멋진 삶을 살아가고 있다는 점이다. 책의 위력은 놀라웠다. 강사인 나는 남의 집 안방까지 들어가서 강연할 수 없지만, 책은 다른 집 거실, 식탁, 침실까지 들어가서 선한 영향력을 끼치는 모습을 보면서 강연과는 또 다른 매력을 느꼈다. 내 책은 절망에 빠져 죽음의 문턱에서 고민하던 이들에게 있어 '희망의 구름다리' 역할을 한 셈이다.

그러나 그 후 나에겐 또 다른 시련이 기다리고 있었다. 이 시련은 '나'라는 사람 전체를 무너뜨리고도 남을 만큼 거대한 파도였다. 그런데 시련의 바닷속에서 숨이 넘어가기 직전, 하나님이 보내준 파수꾼인 옆지기(남편)에 의해 가까스로 구조되었다.

'사랑 호'에 승선한 나는 25년간 시련의 바닷속에서 내부로 침투된 이물질(열등의식, 자격지심, 방어본능, 분노, 자괴감 등)을 토해 내기 시작했다. 옆지기는 온몸으로 받아 주었다. 때로는 아내의 이물질로 인해 도망가고 싶을 때도 있었지만 '사랑 호'는 여전히 항해를 멈추지 않았다.

몇 년 전의 일이다. 서울역 광장에서, 쪽방촌에 거주하고 있는 귀한 형제님들에게 특강을 하기 위해 모 강사와 함께 동행하였다. 대전에서 서울역 광장까지 가는 동안 이런저런 대화를 나누었다. 우리는 여성 강사로서 강연 중에 자신이 경험한 이야기를 얼마나 노출할 것인지에 대한 이야기를 나누고 있었다. 그런데 갑자기 그녀가 흥분하면서 말했다.

"원장님, 사회의 리더들이 다 그런 건 아니지만 체면의 옷을 벗어 던지지 않아서 우리들이 못 배우고 있어요. 자신의 실패, 상처, 치부를 가감 없이 드러낸다면 많은 사람들이 교훈을 얻고 희망을 붙잡을 텐데요. 꼭꼭 감춰 두고 체면의 옷을 안 벗네요. 저는 이 점이 불만이에요."

그 강사의 말에 나는 적잖이 놀랐다. 그 후 머릿속에서 '체면의 옷'이라는 단어가 맴돌았다. 그런 후 나는 용기를 내었다. 모 방송에서 처음으로 체면의 옷을 벗어던진 것이다. 반응은 뜨거웠다.

또 다른 상처를 안고 살아가는 이들의 마음을 만져 줄 수 있었고, 가슴으로 안아 줄 수 있었다.

사람은 누구나 자신이 꼭꼭 감추고 싶은 상처가 있다. 이 세상, 그 누구도 자신의 치부를 드러내고 싶은 사람은 단 한 사람도 없다. 왜냐하면 '체면의 옷', '자존심의 옷'을 벗고 싶지 않기 때문이다.

우리나라는 현재 불명예스럽게도 자살공화국이다. OECD 국가 중 12년째 자살률 1위다. 하루에 38명, 1년에 14,000명이 자살을 한다.

콩 한 쪽도 나눠 먹을 정도로 '정'이 많은 나라, 인내심과 열정이 많은 나라, 흥이 많은 나라, 두뇌가 세계 최고인 나라, 한이 많은 나라, 착한 사람이 많은 나라……. 이루 다 나열할 수 없을 정도로 위대한 민족인 우리나라가 언제부터 이렇게 되었는지, 생각할수록 가슴이 저며 온다.

그러나 나는 사랑하는 나의 조국 대한민국의 멋진 국민을 믿고 있다. 장구한 세월, 위기를 기회로 만들어 온 그 위력을…….

지금까지 파란만장한 삶을 살아오면서 깨달은 지혜가 있다.

인생은 동굴 속이 아니고 터널 속이다. 현재 당신이 어두침침한 터널 속에 있다고 해서, 계속해서 그 자리에 머무는 것은 아니다.

언젠가는 터널에서 나와 당신을 기다리고 있는 찬란한 태양을 마주하게 될 것이다. 이 책이 터널 안에 있는 분들에게 '희망의 불쏘시개' 역할을 하기를 기대한다.

끝으로, 부족함 많은 내게 책을 쓸 수 있는 지혜를 주신 하나님께 모든 영광을 돌 린다. 더불어 아내가 책 집필에만 몰입할 수 있도록 아내를 마치 딸처럼 사랑하고, 늘 격려 해 주는 사랑 호 선장인, 옆지기에게 고마운 마음을 전한다.

2016년 11월

최일주

| 목차 |

3.
사랑만이 우리를 살게 해

4.
다시 부르는 희망의 노래

1.

당신의 영혼은 안녕하십니까?

무상무념의 경지

하이얀 깃털을 곱게 차려입고
바람 부는 대로 저항 없이 몸을 맡기는
너를 보면서 교훈을 얻는다.

어쩜 그렇게 너 자신을 주장하지 않니?
어쩜 그리 '무상무념(無想無念)'의
경지에 도달할 수 있니?

갈대야,
넌 동무들과 화합도 잘하는구나!
하긴 '나 없음'을 보여준 너에게
그건 일도 아닐 테지.

사랑스런 갈대야!
나는 인생 50년 넘게 살아오면서

이제야 조금씩 깨닫고 있는데,
넌 참 빠르게 깨달았구나.

갈대야,
너의 지혜를 배워서
나도 내 아집을 주장하기보다는
겸허히 포용하고 경청하는 일주가 될게.

내게 '나 없음'을 보여 준 갈대야,
네 덕분에 단순하면서도 큰 진리를 깨달았어.
정말 고마워!

천변 갈대를 보면서

'고정관념'이라는 돌멩이 하나

일주일 전 머리를 잘랐다. 단골미용실 디자이너는 오른쪽 가르마가 갈라져 고민하는 나에게 반대쪽 가르마를 권했다. 그렇지 않아도 머리숱이 많은데도 머리가 갈라져서 보기 싫었던 차에 잘됐다 싶어 반대로 넘겼더니, 갈라지는 머리도 감쪽같이 사라졌다. 어린아이처럼 좋아했다. 흡족해하는 나를 보고 디자이너도 웃으면서 집에서 머리를 손질하는 방법을 알려 주었다. 만족스러운 마음에 행복한 마음을 안고 집으로 돌아왔다.

그런데 다음 날, 머리를 감고 드라이기로 말리는데 자꾸만 예전 가르마 방향으로 손이 갔다. 다시 반대 가르마 방향으로 돌리려는데 어색하여 잘 안 됐다. 머리카락들이 내게 반항하듯 "주인님, 왜 바꿔요? 하던 대로 하시지, 영 어색해요. 우리도 다 잘 안 넘어가잖아요." 일제히 반기를 들고 일어선 듯 내 마음대로 되지 않았다. 화장대 거울 앞에서 한참을 씨름했다.

그렇게 매일 거울 앞에서 머리와의 신경전이 벌어졌다. 거울을 보기 싫을 정도로 헤어스타일이 엉망이었다. 언밸런스 단발머리는 온데간데없고 웬 낯선 여자가 우거지상을 하고 거울 속에 있었다. 급기야 책을 쓰다 말고 디자이너에게 전화했다.

"샘, 최일주 강사예요. 저 머리가 마음에 안 들어서요. AS 해 주실 안 될까요?"

"어머, 그래요. 언제든지 오세요. 다시 봐 드릴게요."

"감사해요. 지금 책 쓰고 있는데, 잠시 후에 갈게요."

미용실로 가는 동안 여러 생각이 스치고 지나갔다. 이 머리 방법이 있을까? 이미 짧게 잘라서 더 자를 수도 없을 텐데…….

디자이너는 나를 보더니 이렇게 말했다.

"사회활동을 많이 하시는 분이라 변화를 주고 싶었는데 힘드셨나 봐요."

"네, 제가 고정관념이 있어서 그런지 잘 안 됐어요."

"네, 그러셨군요. 다시 원상태로 해 드릴게요."

미다스의 손처럼 쓱쓱 만지더니 원하는 스타일이 나왔다.

"와! 이제 제대로 됐네요. 맘에 들어요."

그때, 내 안에서 내면의 소리가 들려왔다.

'최일주 변덕이 죽 끓듯 하네. 지난번엔 바뀐 가르마가 좋다고 했잖아.'

돌아오면서 이런 마음이 들었다. 가르마 하나 바꿨다고 적응 못하는 나와, 얼마 전 남편 머리 잘못 잘라 놓는 사람과 뭐가 다른가?

며칠 전, 천사 올케와 오랜만에 통화를 하였다. 며칠 후면 아버지 생신이라 당연히 가 뵈어야 되는데, 출판사와 약속한 날짜를 지키려면 1박 2일간 친정에 다녀올 시간이 도저히 나지 않았다.

결혼한 후 줄곧 부모님을 모시고 사는 효부 올케에게 고민을 이야기했다. 나도 전화를 드리겠지만, 책 원고 마감일이 임박하여 못 찾아뵙는다고 잘 말씀드려 달라는 부탁을 했다. 그런데, 올케 하는말이

"형님, 아버님은 형님 책 쓰셔서 못 오신다고 하면 싫어하셔요."

나는 깜짝 놀라면서 되물었다.

"어머나! 올케, 왜 싫어하셔?"

"아버님은요, 힘들게 일해서 돈 버는 것은 인정하시지만 편하게(?) 책이나(?) 쓰느라고 못 온다고 하면 절대 이해하지 못하셔요. 아무리 설명을 해 드려도 안 돼요.

"호호, 그렇구나. 아버지가 충분히 이해돼. 고정관념이 있으셔서 그러시네."

올케와 나는 씁쓸하게 웃었다. 결국 선물을 사서 보내기로 하고 못 가는 이유는 다르게 말씀드리기로 했다.

방향 바꾼 가르마를 적응하지 못한 나와, 책을 쓰는 일을 쉬운 일로 생각하는 아버지와 별반 차이가 없다는 생각이 들었다. 내 안에 박힌 '고정관념'이라는 돌멩이를 하나씩 꺼내서 버리는 작업을 오늘부터 해 보련다.

저는 지금 공사 중입니다

'공사 중입니다. 돌아가십시오.'

공사 현장 주변에 설치된 푯말을 보면 핸들을 돌려 다른 방향으로 운전하거나 오던 길을 돌아서 간다.

공사 현장을 보면 흙바람 일으키는 먼지에, 귀를 울리는 굉음에, 온갖 건축자재가 널브러져 있다. 사람들은 눈살을 찌푸리며 빠르게 지나간다. 주민들과 공사 현장 간의 마찰이 끊이지 않고 있는 이유도 공사 현장이 주는 불편함 때문이다. 집 근처에서 공사를 하게 되면, 속히 마무리되기를 학수고대한다.

어느 날, 공사 현장을 지나쳐 오다가 문득 나를 돌아보았다.

삶을 반추해 보았을 때 '최일주'라는 걸작품을 만들기 위해 대대적인 대공사를 시행하였음을 깨닫게 되었다. 과거 나는 참 까칠한 사람이었다. 약간이라도 듣기 거북한 말을 들으면 어김없이 조목조목 따지곤 했다.

한때 다혈질이었던 나는 화가 나면 옆지기에게 신발, 지갑, 베개 등 손에 잡히는 대로 던졌다. 성질이 나면 소리도 지르고 육두문자도 가끔 나왔다. 화가 나면 주체하지 못했고, 화풀이를 가까운 사람에게 기필코 하였다. 누군가 자존심을 건드리면 참지 못했다.

이런 나를 하나님께서는 아파하며 바라보셨고 사람으로 만들기 위해 '전반적인 대공사'를 진행하셨다. 하나님께서 사용하신 공사 현장 주재료는 이것이다. 가난, 모욕, 배신, 사기당함, 거액의 돈 잃음, 노숙인 생활, 구두닦이, 노점상, 보험설계사, 식당주방일 등 ……. 이러한 재료를 부합하여 나를 부수고, 다듬고, 내려놓게 하는 대공사를 시행하였다.

험난한 삶의 여정을 통해 나의 모난 부분이 둥글둥글하게 다듬어졌다. 마치 바닷가 모래사장에 있는 뾰족한 조약돌이 거센 파도에 깎여 나가 반들반들해지듯…….

언젠가 구미 강연을 마치고 한국민요연구소 임성연 원장님과 식사를 할 때의 일이다.

"원장님과 함께 있으면 마음이 참 편안해요. 저희 친정엄마와 함께 있는 것보다 더 편해요."

이 이야기를 듣고 얼마나 기뻤는지 모른다. 까칠했던 나는 사라지고 새로운 나로 거듭나는 데 제법 긴 시간이 소요되었지만 감사할 뿐이다. 공사 현장에서 아내가 성장하고 변화할 수 있도록 사랑과 인내, 눈물로 참아 준 남편에게 고마운 마음이다. 이제 건물은 세워졌고 실내 인테리어에 심혈을 기울이고 있다.

'공사 중입니다'라는 표지판을 볼 때면 "저 공사 중이니, 조금만 더 기다려 주세요."라는 음성이 들려온다.

당신은 어떤 죽음을 맞이하고 싶은가요?

오월의 마지막 밤, 충주에 위치한 임종체험관. 영정사진으로 꽉 들어차 있는 강당에서 빨간색 추리닝을 입고 영정사진을 찍었다. 기분이 묘했다. 유언장을 작성하는데, 이상하리만큼 뜨거운 눈물이 볼을 타고 흘러내렸다.

영정사진을 들고 산 밑 으슥한 곳에 마련된 체험관에 도착하였다. 비가 추적추적 내려 분위기는 한층 더 음산하였다. 체험관 안에는 수십 개의 관이 놓여 있었다. 관을 보는 순간, 죽음 앞에 서 있는 듯했다. 관 옆에 영정사진을 세워놓고, 수의를 입은 후 관 속에 들어갔다.

평소에 늘 아름다운 죽음을 준비하고 살아왔지만, 막상 관 속에 누워 있으니 눈물이 또 흐르기 시작했다. 불빛 하나 없는 관 속은 답답하고 숨이 막히는 것 같았다. 저승사자 복장을 한 사람들이 관 위에 못 박는 시늉으로 망치질을 했다.

숨 막히는 정적이 10분간 흘렀다. 부활을 의미하는 경쾌한 음악

소리와 함께 관속에서 나왔다. 모두들 안도의 한숨을 내쉬고 있었다. 고개를 돌려 체험자들의 표정을 보니, 마치 죽음을 이기고 승리한 개선장군 같았다.

'시련아, 올 테면 와 봐라. 내가 너를 당당히 이기리라.'

무언의 메시지를 내뿜는 모습이었다.

아직 세상에 대한 미련이 많아서 그런지, 관 속에서 10분은 100년처럼 느껴졌다. 어떤 체험자는 관 속이 편안했고 나오기 싫었다고 한다.

임종체험은 나의 삶에 많은 변화를 가져왔다.

25년 희생과 보살핌의 결과는 철저한 배신으로 종결되었다. 임종체험 후 자살을 생각했던 자신이 부끄러웠다. 다시금 이 악물고 한 번뿐인 인생을 옹골차게 살아보리라 결심했다. 또한 놀라운 일은 죽음의 문턱까지 간 그곳에서 평생의 반려자를 만난 것이다.

내게 주어진 시련이 축복으로 다가올 것을 기대하면서 다시금 용기를 내었다. '뇌의 노예'로 시련에게 질질 끌려다니며 억지로 하루하루 삶을 살았고, 열등의식, 피해의식, 방어본능, 자격지심에 허우적거리던 나는 남편의 지극한 사랑에 상처가 치유되어 몸과 마음이 멋지게 변화하였다.

나는 전국 일주를 하며 강연할 때 활짝 웃으면서 이렇게 인사한다.

"지구촌에서 최고로 행복한 강사, 작가 최일주입니다."

한때는 저주받은 여자라고 생각할 정도로 불행한 삶을 살았던 나의 놀라운 역전 드라마다. 오늘도 나는 우렁찬 목소리로 세상을 향해 외친다.

"당신은 어떤 죽음을 맞이하고 싶으신가요?"

당신의 영혼은 안녕하십니까?

1982년 봄, 내 인생에 일생일대의 사건이 일어났다.

그것은 다름 아닌 예수님을 만나게 된 것이다. 어려서부터 책을 좋아하고 사색을 많이 하던 나에게 '나는 누구인가?', '어디에서 와서 어디로 가고 있나?', '죽음 후에 다른 세계가 있는가?', '어떻게 살아야 잘 사는 것인가?' 와 같은 질문들이 내 안에서 요동치고 있었지만, 그 어디에서도 해답을 찾을 수 없었다.

그런데 예수님이 내게 찾아오셨다. 인생의 참 의미도 모른 채 꿈도 없이 그럭저럭 살아갈 때, 주님께서 나를 부르셨다. 2000년 전에 십자가에서 돌아가신 예수님과 내가 무슨 상관이 있냐고 따져 묻던 내게 주님은 "내가 너의 죄를 용서하기 위해 십자가 형틀에서 모진 고통을 겪었단다."라고 말씀하셨다.

그가 찔림은 우리의 허물을 인함이요, 그가 상함은 우리의 죄악을 인함이라. 그가 징계를 받음으로 우리가 평화를 누리고 그가 채찍에 맞음으로 우리가 나음을 입었도다. 우리는 다 양 같아서 그릇 행하

여 각기 제 길로 갔거늘 여호와께서는 우리 무리의 죄악을 그에게 담당시키셨도다. 그가 곤욕을 당하여 괴로울 때에도 그 입을 열지 아니하였음이여 마치 도수장으로 끌려가는 어린양과 털 깎는 자 앞에 잠잠한 양같이 그 입을 열지 아니하였도다.

– 이사야 53장 5~7절

예수님께서 나의 죄를 용서하기 위해 인간의 언어로 표현할 수 없는 고난을 겪으신 사실을 알았을 때, 감사의 눈물을 하염없이 흘렸다.

"예수님, 얼마나 아프셨나요? 그 고통 어찌 다 견디셨나요? 이 세상 그 누구도 나의 죄를 위해 대신 죽어 줄 사람 없는데……. 저를 이토록 사랑하셨나요? 이제 저도 주님을 위해 살겠습니다."

울면서 기도하였다. 그렇게 주님을 마음에 영접한 후, 내 삶은 변화하기 시작했다. 넓고 편안한 길을 선택하지 않았고 좁고 힘든 길을 선택하였다. 많은 사람들이 나를 통하여 주님께 돌아왔고, 현재도 많은 주의자녀가 원근각지에서 주님을 신실이 섬기고 있다.

또한 주님께서는 내가 원하는 꿈을 이루게 하셨고, 원하는 모든 것을 거의 다 주셨다. 받은 축복을 다 세어 볼 수 없을 정도로 어마어마하다. '나의 나 된 것은 오로지 주의 은혜라.'라는 사도바울 형제님의 고백이 곧 나의 고백이다.

사람은 '하나님 담는 그릇'으로 창조되었다. 컵은 물이나 음료를 담는 그릇으로 만들어졌다. 그런데 만약 누군가 컵에 똥을 담는다면 미쳤다고 할 것이다. 사람의 영혼에 돈, 명예, 쾌락, 술, 담배, 이성(異性)를 담아도 잠시 잠깐은 기분이 좋아지고 만족할 수 있다. 그러나 잠깐의 시간이 지나면 또다시 견딜 수 없는 공허가 밀려온다. 나도 그랬다. 무엇을 하여도 텅 빈 마음속이 채워지지 않았다. 늘 공허하고 외로웠다. 참된 평안과 자유가 없었다.

그러나 주님을 알아 갈수록 하나님이 나의 아빠인 사실에 말로 형언할 수 없는 행복을 누리며 주님과 동행하고 있다. 주님은 나의 아빠이며, 친구이며, 나의 모든 것이시다. 하나님이 나의 아빠라니, 놀랍고 감사할 뿐이다. 늘 주님과 대화하고, 찬양하고, 하나님 말씀인 성경을 묵상할 때 주님께서 은혜와 기쁨을 마구 부어주셔서 주님 앞에서 기뻐 찬양하지 않을 수 없다.

그러나 나도 성경 말씀묵상, 기도, 예배, 찬양을 소홀히 하면 마음이 나락으로 떨어진다. 그래서 나의 영혼이 충만하기 위해 항상 깨어 기도하고 있다. 주님을 영접한 후 부러운 사람이 있었다. 일찍 하나님을 믿은 사람과 부모님이 믿은 분들이 제일 부러웠다. '이렇게 좋으신 주님을 더 일찍 믿었다면 좋았을 텐데…….' 하는 생각에서였다.

나는 오늘도 우리 교회 교육관에서 주님과 대화하며 원고를 쓰고 있다. 원고를 쓴 후, 밖에 나가서 외치고 싶다.

"당신의 영혼은 안녕하십니까?"라고…….

'똥 기계'로 사는 인생

작년 1월 초, 서울에서 강연을 하였다.

청중들은 사회에서 목소리깨나 내고 있는 리더들이었다. 감동과 눈물의 도가니로 몰아넣은 후, 강연 말미에 이렇게 말했다.

"여러분, 저는 '똥 기계'로 살지 않을 겁니다."

처음 듣는 '똥 기계'란 표현에 어안이 벙벙한 표정이었다. 나는 아랑곳하지 않고 곧이어 이렇게 말했다.

"매일 변화하고, 성장하여 이 땅에서 빛과 소금 역할을 감당하는 존경받는 강사, 작가가 되겠습니다. 지켜봐 주십시오."

그제야 이해되었다는 듯이 일제히 고개를 끄덕였고, 박수갈채가 이어졌다.

남편이 중학교 2학년 때의 일이다. 범상치 않은 아이였던 남편은 허구한 날 나태하게 사는 일부 사람들을 보면서 아버지에게 말했다.

"사람들이 똥 기계로 살면 안 되는데요. 그런 사람들을 보면 참

답답해요."

시아버님은 예사롭지 않은 말을 하는 아들에게 많은 기대를 하셨다고 한다.

어느 날 남편이 이렇게 말했다.

"여보, 사람이 매일 배우고 성장하고 변화하지 않는다면 밥만 먹고 똥만 싸는 똥 기계에 불과해."

옛날 어르신들이 어이없는 말과 행동을 할 때 '똥 싸고 있네.'라고 표현하던 말이 생각 났다. '똥 기계'라는 단어가 주는 리얼함으로 머릿속에서 한참동안 되뇌었다.

언젠가 97세 노 교수의 인터뷰 기사를 본 적이 있다. 고령에도 불구하고 강연하고 책을 집필하는 분이셨다. 여러 기사 중 마음에 와 박힌 내용이 있었다.

"여러분, 성장이 멈추면 행복하지 않습니다."

오늘도 나는 변화의 속도에 발맞추려고 고군분투하고 있다.

목계(木鷄)의 교훈

싸움닭을 만들기로 유명한 기성자란 사람이 있었다. 그는 왕의 부름을 받고 싸움닭을 훈련시키게 되었다.

열흘이 지나 왕이 물었다.

"이제 대충 되었는가?"

그러자 기성자는 "아직 멀었습니다. 지금 한창 '허장성세(虛張聲勢)'*를 부리고 있는 중입니다."라고 대답했다.

열흘이 지나자, 왕이 또 물었다.

"아직도 훈련이 덜 되었습니다. 적을 오직 노려보기만 하는데, 여전히 지지 않으려는 태도가 가시지 않습니다."

그리고 또 열흘이 지났다.

"대충 된 것 같습니다."

이번에는 왕이 궁금해서 물었다.

"도대체 어떠하기에?"

* 실력이나 실속이 없으면서 큰소리치며 허세 부리는 것.

"상대 닭이 아무리 소리를 지르고 덤벼도 조금도 동요하지 않습니다. 멀리서 바라보면 흡사 나무로 만든 닭 같습니다. 다른 닭들이 보고는 더 이상 반응이 없자 다들 그냥 가 버립니다."

목계는 『장자』의 「달생」 편에 나오는 이야기이다.

고(故) 이병철 회장은 거실에 목계를 걸어놓고 늘 자신을 경계했다고 한다.

1980년 전두환 신군부가 권력을 잡았을 때, 그는 TBC 동양방송을 국가에 바쳐야 했고 기업인으로서 파란만장한 삶을 살았다고 한다. 인생의 신산(辛酸)과 굴곡을 거치며 자신을 지키고 기업을 지키기 위해서는 목계와 같은 마음이 필요했을 것이다.

큰 기업을 경영하다 보면 각종 모함과 질시가 따르게 마련이고, 거기에 일일이 대응하면 시정잡배가 되고 만다. 기업인이 송사에 휘말리게 되면 본인도 힘들지만 기업도 망할 수 있다. 수천, 수만의 근로자가 함께 망하기 때문에 더 큰 사회적 문제가 발생한다.

상대가 아무리 물어뜯으려 해도 나무로 깎아 만든 닭처럼 초연하게 대처한다는 것이 이병철 회장의 처세관이었다. '자처초연(自處超然)', 즉 스스로 '초연하게 지내라'는 뜻이다. 이병철 회장이 이건희 회장에게 가르쳐 준 교훈은 '목계'와 '경청'이었다고 한다.

나는 이 책을 읽으면서 감명을 받고 교훈을 얻어 내 삶에 적용하려 노력하고 있다.

목계를 생각하면 머릿속에 선명하게 떠오르는 장면이 있다.

우리의 모든 죄를 용서하시기 위해 친히 육신을 입으시고 이 땅에 오셔서 헤아릴 수 없는 모진 고난을 받으신 예수그리스도. 침 뱉음을 당하고 조롱당하고 채찍에 맞으면서도 침묵하셨던 예수님. 그런 인간들을 다 벌할 수 있는 능력이 있으면서도 묵묵히 참으셨던 주님.

인간으로서 도저히 견딜 수 없는 십자가 형틀에서 물과 피를 다 쏟으시며 죽으셨고, 3일 만에 당당히 부활하신 예수그리스도 그분이 진정한 목계였음을…….

이 시간 고개 숙여 감사의 기도를 드린다.

이 글을 쓰면서 과거에 있었던 순간들이 생각난다.

예전의 나는 억울한 일을 당했을 때, 상대방이 꼼짝 못하게 조목조목 따졌다. 화가 나고 울화통이 터져 견디기 힘들었던 것이다.

그러나 이제는 억울한 일을 당해도 예수님처럼, 목계처럼 반응하지 않고 이렇게 기도한다.

"하나님, 다 보셨지요? 저의 모든 것을 아시지요?"

아직도 부족하지만 조금씩, '예수님 닮은 목계'가 되어 가고 있다.

나의 꿈은 소설가

나의 꿈은 소설가.

중학교 2학년 여름방학에 국어 선생님이 수준 높은(?) 방학 숙제를 내주었다. 단편소설을 써 오라는 것이었다. 국어 시간을 제일 좋아했던 나는 원고지에 열심히 써서 제출하였다. 제목은 「하늘을 쳐다봐야 보이는 남자」였다. '키가 큰 남자'라는 뜻이다. 키가 큰 남자와 아담한 여자와의 사랑 이야기이다.

글은 곧 그 사람을 대변해 주는 것이라고 했는데, 키가 큰 남자를 이상형으로 생각했던 나의 마음이 글 속에 그대로 표현되어 있었다. 얼마 전 옛날 수첩을 찾다가 이 원고를 읽으며 혼자 키득키득 웃었다. 그래도 중학교 2학년 글 치곤 표현을 곧잘 하여 내심 놀랬다.

어려서부터 책을 좋아하고 글쓰기를 좋아했던 내가 소설가가 되고 싶었던 진짜 이유는 아버지 때문이었다. 학자이셨던 할아버지 밑에서 성장하면서 아버지도 자연스럽게 공부를 좋아하셨다. 그러나 찢어지게 가난한 살림살이에, 부모님을 도와 일을 잘하던 아버지에게 초등학교 4학년 때 지게를 만들어 주며 나무를 베어 오라고 하셨다. 공부도 잘하던 아버지는 늘 공부가 하고 싶었다고 하신다. 그러니 중학교 교복을 입은 친구들을 볼 때마다 얼마나 부러우셨을까. 녹록지 않은 현실 앞에 아버지는 꿈을 접을 수밖에 없었다.

그 후 혼기가 되어 엄마와 결혼하셨다. 결혼한 후 주경야독하며 공무원 시험을 준비하셨다. 사촌오빠에게 농사일을 가르친다는 할아버지에게 앞으로 시대가 변화하고 있으니 공부를 가르쳐야 한다고 설득한 아버지는 조카를 뒷바라지하여 성균관대학교에 합격하도록 물심양면 도우셨다.

그런 후 조카에게 영어를 배우고 열심히 공부하여, 공무원시험에 1등으로 합격하셨다. 충북 중원군 앙성면 중전리 산골마을에서 자녀 교육을 위해 원주로 이사를 하였다. 그 길이 칠흑같이 어두운 암흑속으로 들어가는 길이라는 것을 아무도 모른 채…….

공무원으로 안정된 생활을 하게 되는 부푼 꿈은 신원조회 앞에서 산산이 무너졌다. 6·25 때 행방불명된 큰아버지 일을 큰어머니가 잘못 일처리 해 놓는 바람에 신원조회 결과 적색 줄이 처져 있어 면접에서 낙방 처리된 것이다. 오직 이 길만을 목표로 살아오셨던 아버지는 삶의 의미를 잃으셨다.

그러나 고만고만한 삼남매를 위해서 무언가 하셔야 했다. 친척들의 권유로 원주 단계동 변두리에 양계장을 시작했다. 처음 하는 일이 손에 익을 리 없었고, 결국 처음부터 실패하였다. 부모님은 겨울이면 여러 개의 양계장에 시간 맞추어 연탄불을 가느라 잠 한 번 제대로 못 주무셨다.

철없던 나는 닭똥냄새로 진동하는 양계장이 창피하고 싫었다. 그렇지만 어린 마음에도 부모님께 도움을 드리기 위해 병아리가 어미닭이 되어 닭을 팔 때, 우리 삼남매는 닭을 잡아다가 주곤 했다. 온몸에 닭털이 묻었고, 닭은 안 잡히려고 도망가고 난리였다.

양계장, 부화장, 돼지사육 등 사업을 계속 확장했으나 빚은 산더미처럼 쌓여 갔다. 아버지는 방황하셨다. 저녁이 깊었는데도 집에 들어오지 않는 아버지를 찾아다니노라면, 술에 취해 길에 누워 있는 아버지를 발견하기가 다반사였다. 마음 여린 아버지는 자주 우셨다.

한 사람의 잘못으로 배배 꼬여 버린 아버지의 인생을 지켜보면서 소설가가 되어 한 많은 아버지의 인생을 소설로 써 보고 싶었다. 내가 소설가가 되고 싶은 진짜 이유였다.

그래도 감사한 것은 당신 자신이 못 이룬 꿈을 자식들을 통해 이루셨다는 점이다. 남동생 둘이 명문대를 나와서 사회의 리더로 활동하고 있다. 교육열이 높으신 아버지 덕분에 우리 삼남매는 큰 혜택을 누릴 수 있었다.

공부에 평생 한이 맺힌 아버지는 70세가 넘으셔서 한자국가시험에 도전하시어 4급, 3급, 2급 자격증을 취득하셨다. 1급에 도전하시다가 이명이 오는 바람에 안타깝게도 중단하셨다.

언젠가 명절에 친정에 갔더니 한자자격증을 보여 주셨다. 공부하신 2급 문제집을 보니 아는 한자가 가뭄에 콩 나듯 적었다. 그런데 2급에 합격하셨다니……. 존경스러웠다.

책을 좋아하고 글쓰기를 좋아하는 아버지의 유전자를 닮아서 미국에 사는 막냇동생은 벌써 5권의 책을 출간하였다. 엄마의 긍정적인 마인드와 공부 좋아하는 아버지를 쏘옥 빼닮은 삼남매!

벌써부터 마음이 설렌다.

두 번째 책을 끝낸 후, 현재(2016년 7월 19일) 일본군 피해자 할머니 40분이 생존하고 계시다. 할머니들이 다 돌아가시기 전, 할머니들을 위한 소설을 구상해 놓았다.

영화 〈귀향〉을 본 후, 같은 여성으로서 너무 가슴 아파서 소설을 쓰기로 결정했다. 그리고 아버지의 인생 이야기는 잠시 뒤로 미루어 놓았다.

이제 나는 명강사 최일주, 수필가 최일주, 21세기성공계발연구원 원장 외에 '소설가 최일주'로 불리고 싶다.

말의 씨앗이 우주를 바꾸다

우리 부부는 일주일에 한 번씩 5주에 걸쳐서 인터넷방송을 진행하였다.

'정노연, 최일주의 희망 편지'라는 타이틀로 토크쇼 형식으로 진행하였다. 그럴 때마다 수맥, 기, 에너지 전문가인 남편은 이렇게 인사하였다.

"온 우주에서 가장 행복한 남자 정노연입니다."

그럼 이어서 나는 이렇게 인사했다.

"지구촌에서 최고로 행복한 강사, 최일주입니다."

키가 고만고만한 우리는 '우주', '지구촌'을 들먹이면서 거창하게 인사를 하였다.

그러나 이 말이 결코 형식적인 멘트는 아니다.

사는 것보다 죽음이 더 낫다고 생각할 정도로 혹독한 시련을 겪은 우리들은 때로는 시련의 무게에 짓눌려 호흡조차도 쉽지 않았을 때가 많았으나, 결코 시련 앞에 무릎을 꿇 지 않았다. 지금까지 돌이켜 보면 내가 꿈꾸고 갈망했던 많은 꿈들이 거의 다 이루어졌다.

어쩔 수 없는 현실에, 돈에 질질 끌려다니면서 허우적대던 어느 날, 잡초를 보면서 깊은 상념에 잠겼다. 밟으면 밟을수록 생명력이 더 강해지는 잡초. 이름 없는 잡초도 저러한데, 대체 나는……. 세상을 향해, 운명을 향해 항변하듯 스스로 저주받은 여자라고 생각하며 살아온 시간이 부끄러워졌다.

그 후 나는 긍정적 오기가 생기면서 이 세상에서 주인으로 사는 법을 터득하기 시작했다. 책과 강연을 통해 주인으로 살고 있는 수많은 사람들을 보면서 배움의 기회로 삼았다. 그러면서 자연스럽게 내 입술에선 "지구촌에서 최고로 행복한 강사"라는 말이 저절로 나왔다. 우주의 주인으로 살아가는 데 있어서 일상의 습관들을 주의하고, 매일의 삶 속에서 금기해야 될 습관도 조심하였다. 이렇게 좋은 습관이 반복되면서 나의 삶도 조금씩 변화하기 시작하였다.

첫 번째 변화는 '생각의 변화'였다.

나의 뇌 속에 양질의 유용한 정보를 삽입하려 의식적으로 노력했다.

13년 전의 일이다. "야, 최일주! 세상에 강사가 지천에 널려 있는데 병아리 강사인 너를 초빙하겠니?" 엉성하게 만든 프로필을 들고 연수원, 관공서를 다니며 '강의세일'을 할 때 내 안에서의 싸움이었다.

그러나 나는 맨땅에 헤딩하는 격으로 열심히 나를 세일하였다. 그 결과 나를 홍보한 곳에서 강의초빙이 들어왔고, 나는 그렇게 강사의 길을 걷게 되었다. 닥쳐온 시련 앞에서 처음엔 좌절하고 낙심했지만, 곧 다시 생각을 고쳐먹고 벌떡 일어났다.

두 번째 변화는 '말의 변화'였다.

사람들이 내게 자주 하는 말은 "원장님은 말을 참 예쁘게 하셔요."이다. 그러나 믿기지 않을지도 모르겠지만, 과거 나의 말은 부정적이고, 짜증 섞인 말이 많았다.

어느 날' 나는 놀라운 사실을 발견하였다. 예비고사가 끝난 후 고등학교 3학년 졸업 무렵에 장래희망을 이야기하는 시간이 있었다. 33번이었던 나는 뜸을 들이다 이렇게 말했다.

"제 꿈은 불구자(그 당시엔 '장애인'이라는 단어가 없었음)와 결혼하는 것입니다."

나의 말에 아이들은 술렁였고 비아냥거렸다.

"칫, 자기가 천사인 줄 아나 봐. 너무 웃기고 있네."

단 한 번 한 나의 말은 씨가 되어 선천적인 장애인인 애들 아빠와 25년을 살았다.

물론 내가 전혀 하지 않은 말이 현실에서 일어난 경우도 많다. 그러나 내가 한 말이 씨가 된 경우가 훨씬 많았다. 지금부터 내가 한 말이 씨가 되어 성장하여 풍성한 열매를 맺은 경우를 소개하겠다.

1. 구두닦이를 하면서 강사, 작가가 된다고 일기장에 쓰고, 늘 말하곤 했다.
2. '구두 못 닦았다고 무시당하던 날, 이 세상에서 꼭 필요한 사람이 되겠다고 말했다.
3. 딸아이를 낳고 11년 만에 아들을 낳을 거라고 말했다.
4. 사람을 살리는 책을 쓸 거라는 말을 하였다.
5. 애들 아빠 외도에 괴로워하며 울던 어느 날, 공원에서 큰소리로 이렇게 말했다. "지구촌에서 남편 복 최고 많은 여자, 최일주가 되게 하신 하나님, 감사합니다."
6. 나를 많이 사랑하고, 아내가 없으면 살 수 없는 짝을 만나 사랑하며 살 거라고 말했다.
7. 결혼초기 엶지기는 "당신은 앞으로 더 젊어지고, 더 예뻐지고, 더 건강해져."라고 호언장담했는데, 그 말이 마법처럼 이루어지고 있다.
8. 우리 부부를 소개할 때 늘 '부부 강사', '부부 작가'라고 말했는데, 현재 부부 강사, 부부 작가, 부부 방송인으로 활동하고 있다.

이외에도 헤아릴 수 없을 정도로 많은 말이 씨가 되어 이루어졌다. 하나님 말씀인 성경에는 이렇게 쓰여 있다.

너희가 나의 귀에 들리도록 말한 그대로,
내가 반드시 너희에게 하겠다. **– 현대인의 성경 민수기 14장 28절**

나는 사람들을 만나면 늘 축복의 말을 하려고 애쓴다.

세 번째 변화는 '습관의 변화'였다.

변화의 물결이 거센 이 시대, 매일 매 순간 변화하지 않으면 존재 자체가 어렵다.

언젠가 기아자동차 팀장 대상 강연을 마치고 광명역에 도착하였을 때의 이야기다. 80세가 훨씬 넘어 보이는 노인이 양손에 짐을 잔뜩 들고 등엔 배낭을 메고 에스컬레이터를 타지 않고 광명역 긴 계단을 구부정한 모습으로 한발 한발 오르고 있었다. 남편과 나는 이 광경을 물끄러미 보고 있었다. 아마도 그 노인은 익숙하지 않아 자신 없는 에스컬레이터보다 힘들어도 안전한 계단을 선택한 것이리라.

노인의 모습은 우리 부부에게 적잖은 충격을 주었다. '매 순간 변화하지 않으면 그 노인과 내가 무엇이 다를까!' 하는 생각이 들었다. 그것이 비록 잘못된 방식이라 할지라도 지금까지 자신이 살아온 방식대로, 고집대로, 습관대로 변화하지 않고 살아간다면 발전적인 삶을 기대할 수 있겠는가! 그대로 산다면 자신의 앞날의 일 점, 일 획도 바뀔 수 없다. 그럼에도 불구하고 새로운 내일이 두려워 오늘에 머물고 있는 사람들이 많다. 강연할 때 "지금 당장 변화하라."는 말은 나에게 외치는 소리이다.

뇌의 노예처럼 살던 나는 이제는 우주의 주인으로 살고 있다.

"지구촌에서 최고로 행복한 강사, 작가 최일주입니다."

라는 말을 씨가 되게 하신 하나님께 감사를 드린다.

찍새 아줌마의 희망

백일도 채 안 된 갓난아기를 업고 사무실, 지하다방 등을 다니면서 구두를 수거했다. 그런 나를 보고 사람들은 '찍새 아줌마'라고 불렀다.

그날도 포대기로 아기를 질끈 둘러업고 지하다방으로 내려갔다. 문을 여는 순간, 매캐한 담배연기가 코를 자극했다. 아기에게 해로울까 봐 걱정하며 손으로 자욱한 담배연기를 휘저으며 들어간 나는 삼삼오오 앉아 있는 중년 남자의 구두를 살피기 시작했다.

다방을 한 바퀴 돌았으나 오늘따라 구두 신은 사람이 적어서 못내 아쉬워하며 돌아서 나오려는 순간, 험상궂은 얼굴로 담배를 피우는 남자가 지저분한 구두를 신고 있는 모습을 발견하였다. 긴 가뭄에 단비를 만난 듯 반가운 마음에 재빠르게 남자 앞에 섰다.

"사장님, 구두 닦으세요. 제가 광(光)이 반짝반짝 나게 닦아 드릴게요."

사내는 나를 힐긋 쳐다봤다. 초라한 행색에 아기까지 업은 내 모습을 보고 구걸을 하러 온 줄 알았던 모양이었다. 그렇게 보이는 것도 무리가 아니었다. 1984년 9월 초 서울을 강타한 대홍수로 인해 그나마 살고 있던 거처(비닐하우스 움막)를 잃었다. 속옷 하나 남지 않고 다 떠내려갔다. 집 없는 설움을 겪으며 시작한 구두닦이였다. "얼른 닦아 와요."라고 내뱉는 사내의 얼굴엔 귀찮으니 빨리 나가라는 표정이 역력했다.

목례를 한 후 계단을 빠르게 올라와서 열심히 구두를 닦았다. 그러나 배운 대로 닦았으나 생각만큼 광이 나지 않았다. 기술이 부족한 탓이었다.

내 앞에는 일순간 사내의 얼굴이 오버랩 되면서 한숨이 흘러나왔다. 분명히 심한 소리를 할 것만 같았다. 힘이 빠진 모습으로 다방에 들어간 나는 긴장된 모습으로 그 남자 앞에 섰다. 그리고는 "사장님, 구두 닦아 왔어요." 기어들어 가는 소리로 말했다. 그러자 그 사내는 갑자기 인상을 찡그리더니 소리를 빽 질렀다. 등에 업혀 잠든 아기가 화들짝 놀라며 깼다.

"아줌마, 이걸 구두라고 닦아 왔어? 광이 안 나잖아. 에이 씨~팔 진짜 짜증나네." 그 리고는 주머니를 뒤적거리더니 동전 4개를 꺼내 힘껏 집어던졌다. 그 순간 나의 눈동자는 동전의 방향을 쫓아가고 있었다.

사실 나는 나름대로 멘트를 준비했다. "사장님, 저희가 구두닦이 일을 시작한 지 얼마 되지 않아 광이 나지 않는데요. 오늘 수고비는 받지 않을게요. 다음엔 반짝반짝 광이 나게 닦아 드릴게요." 결국 이 말도 하기 전에 동전을 집어던진 것이었다. 너무도 황당하였다. 태어나 이렇게 모욕적인 일은 처음이었다. 나는 순간 동전을 주워야 할지, 놔둬야 할지 갈등하였다.

그러나 이 일은 결코 잊어선 안 될 것 같은 느낌이 들었다. 한 손으로 아기가 쏟아지지 않도록 뒤를 받히고 한 손으론 바닥에 있는 동전을 주웠다. 그런 후 사내 앞에 섰다.

"사장님, 감사합니다. 다음에는 잘 닦아 드릴게요."

깍듯이 인사를 하는 나를 향해, 사내는 약간 미안한 표정을 지었다.

다방을 나와 문을 세게 닫았다. 그런 후 다방을 향해 정신 나간 사람처럼 소리를 질렀다.

"야, 이 나쁜 놈아! 구두나 닦는다고 네가 날 무시했어. 야, 내가 현재는 구두 찍새지만, 두고 봐. 이 땅에서 꼭 필요한 인물이 되고 말 거야. 나쁜 놈 같으니라고……."

그것은 세상을 향한 처절한 몸부림이었다. 그 당시 나의 현실은 이러했다. 몸이 많이 불편한 아기아빠, 35,000원짜리 사글셋방, 소도 언덕이 있어야 비빈다 했는데 너무 가난하여 10원도 도움받을 수 없는 시댁, 백일도 안된 아기, 그리고 무능력한 나…….

그날 밤 분하여 잠을 잘 수가 없었다. 나를 노려보며 소리를 지르던 사내의 모습과 동전을 던지던 모습이 자꾸 떠올랐다. 몇 시간을 넋 나간 사람처럼 우두커니 앉아 있었다. 뜨거운 눈물이 볼을 타고 흐르고 있었다. 나는 일기장을 꺼냈다. 무언가 시도하지 않으면 극단적인 선택을 할 것만 같았다.

"최일주가 살아가야 하는 이유는?" 이렇게 쓴 후 또 한참을 앉아 있었다. 아기를 위해서라도 죽지 않고 살아야만 했다. 몇 시간을 우두커니 앉아 있다가 노트에 미친 듯이 썼다.

"1. 명강사가 될 것 2. 작가가 될 것."

평소 이루고 싶어 하던 꿈의 목록을 써 놓았다. 긍정적이고 낙천적인 성격의 소유자인 나는 금방이라도 꿈이 이루어진 것처럼 마음 한편에 희망이 움트기 시작했다. 그 후 구두닦이, 노점상, 식당주방일, 우유외판원, 건강식품판매원, 팬시플라자(팬시, 문구용품 가게) 운영, 보험설계사를 거쳐 18년 만에 꿈에 그리던 강사, 작가가 되었다. 어려서부터 책을 좋아하고 글쓰기를 좋아하던 나는 소중한 꿈을 이루기 위하여 그간 피나는 노력을 하였다.

현재 13년째 내 이름대로 전국 일주를 하며 많은 분들에게 꿈과 희망을 나누어 주고 있다. 노숙자, 구두닦이를 전전하던 여인이 강사가 된 자체만으로도 동기부여가 된다고 교육생들은 말한다. 진솔한 나의 강연에 많은 분들이 꿈을 이루어 새 삶을 살아간다는 전화나 메일을 받을 때면, 말로 다 형언할 수 없는 보람을 느낀다.

지구촌에서 저주받은 여자라고 생각했던 나는 강연을 시작할 때마다 이렇게 인사한다. "지구촌에서 최고로 행복한 강사 최일주입니다."

1984년 늦가을, 지하다방에서 동전을 던지던 그 사내는 나에게 꿈을 설정하도록 이끈 가장 큰 스승이었다.

나는 오늘도 울먹이는 이의 등을 토닥이기 위해 강연장으로 발걸음을 옮긴다.

잃어버린 한 마리 양을 찾아

하나님의 말씀인 성경을 읽다 보면 마음 아파하신 장면이 참 많이 나온다. 사람들이 온갖 더러운 죄악을 행하는 모습을 지켜보면서 하나님은 창자가 끊어지는 것 같은 고통을 느끼시며 근심을 하신다.

> *여호와께서 사람의 죄악이 세상에 가득함과 그의 마음으로 생각하는 모든 계획이 항상 악할 뿐임을 보시고 땅 위에 사람 지으셨음을 한탄하사 마음에 근심하시고…*
>
> – 창세기 6장 5절

죄 짓는 인간을 바라보시며 몸도 마음도 심히 슬퍼하신 하나님께서는 노아를 통해 배를 만들게 하였다. 의인 노아는 하나님의 지시대로 거대한 배를 만들고 사람들에게 앞으로 엄청난 대홍수가 나서 모두 멸망하니 배 안으로 들어오라고 강권하였지만, 사람들은 이를 거부하고 '죄악의 낙'을 누렸다. 하나님은 40일간 밤낮으로 비를 내림으로써 배에 탄 노아 가족만 빼고 다 죽었다.

헤아릴 수 없는 많은 사람들이 죽임을 당했다. 배에 타지 않으면 홍수가 나서 죽는다고 경고했어도 마른하늘에 무슨 비가 오겠냐며 무시하였다. 하나님은 사람 지으심을 근심하시고 홍수로 쓸어버리신 후, 물로 이 세상을 다시는 심판하지 않으신다는 약속으로 무지개를 띄워 주셨다.

나는 성경을 묵상하던 중 '하나님을 등지고 사는 삶'이라는 목차가 떠올랐다. 과연 이 세상을 보실 때, 하나님은 어떠하실까? 아마도 매일 통곡하고 계실 것이다. 인류의 추악한 죄를 용서하기 위해 예수님이 오셔서 십자가에서 그 어떠한 말과 글로 형언할 수 없는 고난을 받으셨지만, 노아시대와 마찬가지로 사람들은 '구원의 방주'에 승선하라고 아무리 외쳐도 거부하고 있다. 하나님을 등지고 살고 있다.

성경 말씀을 보면서 나 자신을 돌아보았다. 하나님께서 제일 가슴 아파하시는 것은 하나님을 믿지 않는 것이다. 멸망의 길로 가는 자식을 보고 마음 아파하지 않는 부모가 과연 어디 있을까?

오래전, 어려운 집안 환경과 율법 엄마인 내 잘못으로 딸이 가출한 적이 있었다. 밤마다 대문을 열어 놓고 통곡하며 기다렸다. 집 나간 자식이 돌아오기 전까지는 밥을 먹을 수도 없었고, 잠도 제대로 잘 수 없었다. 자식이 집을 나가 생사를 알 수 없는데, 어찌 음식이 넘어갈 수가 있겠는가! 지나가는 여학생만 보면 딸 같아서 여러 번 실수하기도 했다.

나를 더 괴롭게 한 것은 늘 지적하고 혼내던 나의 잘못에 대한 자책이었다. "이 세상에 문제아는 없다. 문제 부모만 있을 뿐이다."라는 사실을 그때야 비로소 깨달았다. 다행히도 딸은 며칠 만에 무사히 집으로 돌아왔다. 그 기쁨은 경험해 본 사람만이 안다.

그 일 이후, 나는 변화하였다. 딸의 친구가 되어 주려 노력했다. 함께 대화하고, 함께 놀아 주고, 고민을 들어주기 시작한 것이다. 지적질 하고 혼내던 나는 사라졌다.

결혼한 딸이 언젠가 울면서 전화를 했다. 가족이 축제에 놀러갔다가 어린 준서를 잃어버렸단다. 혼이 나가고 제정신이 아닌 상태에서 울면서 찾으러 다녔다고 한다. 만만 다행히 10분 만에 찾았는데, 10분이 100년처럼 느껴졌다고 한다.

"엄마, 내가 집 나갔을 때 얼마나 힘드셨어요? 내가 경험해 보니 엄마 심정을 조금은 알게 되었어요."

"찬미야, 너무 고마워. 지금이라도 엄마 맘 알아줘서 고마워."

이 일 이후, 내 눈앞에 선명하게 떠오르는 장면이 있다.

울타리 안에 있는 99마리 양을 두고 잃어버린 한 마리 양을 찾으려고 온 산과 들판을 헤매시고 다니시는 예수님의 모습이 아른거린다.

지금 이 순간에도 하나님 품을 떠나 하나님을 등지고 있는 분들이 있다면, 하루라도 빨리 주님 품으로 돌아와 세상이 줄 수 없는 참 평안과 기쁨을 누리며 행복한 삶을 영위하길 매일 간절히 기도하고 있다.

자신의 잣대

국회에서 강연 후 있었던 일이다. 열정적인 강연이 끝난 후, 이어지는 행사가 있어서 자리를 박차고 나갈 수 없었던 나는 맨 앞자리에 앉았다.

그리고 잠시 후, 체격이 호리호리하고 머리가 벗겨진 한 남자가 내 곁에 앉더니 내게 명함을 건넸다. 나도 내 명함을 공손히 드린 후, 받은 명함을 자세히 살펴보았다. 명함에는 '회장 ○○○'이라고 적혀 있었다. 평소에 사람들을 만나면 최대한 예우를 갖추려 노력하는 나는 명함을 본 후 얼굴에 미소를 띠며 말했다.

"회장님, 좋은 일 많이 하시네요. 강의도 많이 하시나 봐요?"

그런데 일순간 표정이 일그러지더니, 비아냥거리는 표정으로 이렇게 말했다.

"강의하는 거, 나에게 배워야겠어요. 자기 이야기를 하는 것은 강의가 아니지요."

순간 나는 '이분 뭐지?'라는 생각이 들었지만, 여전히 공손한 태도를 유지한 채 말했다.

"자신의 경험담을 골고루 배치하여 그 속에서 체득한 값진 교훈을 청중에게 가감 없이 쏟아내어 청중으로 하여금 꿈과 희망을 갖게 하는 것이지요."

잠잠히 듣고 있던 남자는 볼멘소리로 따지듯 질문했다.

"그러면 재혼하신 거예요?"

"네."

무슨 큰 죄를 저지른 사람에게 힐문하듯 말하더니, 잠시 후 그 남자는 나를 마치 중죄라도 지은 사람 대하듯 말했다.

"결혼은 단 한 번만 하는 거예요."

내게 일장훈시를 할 태세였다. 때마침 많은 사람들이 나의 강연을 칭찬하며 명함을 요청하여 대화는 중단되었다. 그렇게 많은 사람들이 명함을 받고 자리를 뜨자, 이 남자는 나를 똑바로 쳐다보며 또 이렇게 말했다.

"결혼은 딱 한 번만 하는 겁니다."

두 번째 이 말을 듣는 순간, 나는 자리에서 일어나 뺨을 세차게 후려치고 싶었다. 무대 위에선 행운권 추첨이 길게 이어지고 있었다. 불현듯 마음속으로 후회가 밀려오기 시작했다.

'내가 왜 이런 인간 앞에서 체면의 옷을 벗음으로 인해 이런 말을 듣고 있는 거지?'

이런 생각이 나를 엄습하는 사이, 이 남자는 그런 내 마음도 모른 채 자신은 선물을 받으면 그 자리에서 다 나누어 준다는 등 자기 자랑에 여념이 없었다. 나는 아무런 대꾸도 하지 않고 불쾌한 마음으로 모든 행사가 종료되기를 기다렸다.

이윽고 행사가 끝나고, 많은 교육생들이 내게 몰려와 손을 꼭 잡고 말했다.

"원장님, 강의 내내 눈물을 흘리면서 강의를 들었어요. 어쩌면 마음을 움직이는 강의를 그리 잘하셔요. 사실은 제가 이혼하고 외롭게 혼자 살고 있는데, 오늘 원장님 강의를 들으면서 저도 짝을 만나 행복하게 살 수 있는 꿈을 갖게 되었어요."

또 다른 교육생은 이렇게 말했다.

"원장님, 사람들은 자신의 과거를 꽁꽁 싸서 감추어 두는데, 청중을 위해 드러내고 싶지 않은 과거까지 진솔하게 드러내는 원장님을 보고 큰 용기와 희망을 갖게 됐어요. 체면의 옷과 자존심의 옷을 벗어던지신 그 용기에 힘껏 박수를 쳤어요."

많은 분들과 즐거운 대화를 마치고 집으로 내려오는데, 자꾸만 뇌리 속에서 그 남자가 했던 말이 생각이 났다.

그 후 며칠을 깊이 생각했다.

나 혼자 참고 견디어서 될 일이 아니었다. 그 남자는 또 다른 누군가에게 자신이 정해 놓은 잣대로 함부로 말을 하여 언젠가는 누군가의 마음에 비수를 꽂을 수 있기에, 미리 해야 할 말을 준비한 후 부드럽고 애교 있는 목소리 톤으로 전화를 했다.

전혀 생각지도 못한 나의 전화에 반색을 했다. 나의 목소리는 차분하였고 감정에 휘둘리지 않았다. 나는 먼저 그 남자가 내게 한 말을 기억하도록 하나하나 짚어 가며 질문했다. 남자는 자신이 한 말을 인정했고, 나는 단호한 목소리로 말했다.

"회장님, 지금까지 살아오시면서 한 여자만 상대하고 살아오셨나요?"

"네."

즉각적인 대답이었다. 예상한 답변이었다.

"역시 대단하십니다. 한 가지 부탁을 드리겠습니다. 회장님께서 잠깐 이 순간 '감정이입'을 하시기 바랍니다. 최일주 원장이 회장님께서 사랑하는 회장님 딸이라고 생각해 주시기 바랍니다."

단호한 나의 목소리에 그 남자는 기어들어가는 목소리로 그러겠다고 말했다. 나는 담담하게 말했다.

"회장님이 사랑하는 외동딸이 부모님의 반대를 무릅쓰고 태어나면서부터 심한 장애가 있어 스스로 걷지도 못하는 남자의 손과 발이 되어 주고 싶어 결혼했는데, 결혼한 지 2년 만에 외도를 하고 25년 동안 계속된 외도와 타락한 생활을 했습니다. 그래도 사람 만들어 보려고 갖은 좋은 방법을 다 사용하며 참고 또 참았습니다. 대소변도 몇 번씩 받아내고 여성 가장으로서 가족을 부양하느라 갖은 고생 다 하고 살았습니다. 그런데 그것도 모자라서 계속 무시당하고, 결국엔 자신의 아기를 임신한 여자가 부산에 있으니 이혼하자고 계속 요구했다면 '사랑하는 딸아, 네가 아무리 힘들어도 자고로 여자는 결혼을 한 번만 해야 하는 법이니 더 참고 살아라.'라고 말씀하시겠나요? 더 참고 살다가는 정신이 돌아 미치든지 아님 자살을 할 것 같은데요. 회장님 딸이 그렇게 살고 있다면요?"

남자는 당황하는 기색이 역력했다.

"제가 죽을죄를 졌습니다."

말은 이렇게 하였으나 말투, 태도에서 반성하는 기색이 전혀 묻어나지 않았다. 계속 자신을 합리화하고 있었다.

"회장님, 남의 인생이라고 함부로 말하지 마세요. 자신의 잣대로 평가하거나 판단하지 마세요. 어르신이면 어르신다운 언행으로 많은 분들에게 본이 되세요. 앞으로 이런 식으로 말씀하지 마시고, 그 사람의 입장이 되어서 생각하시고 조심하세요. 남은 인생, 똑바로 사시기 바랍니다."

일장 연설을 하였다. 나의 말을 다 듣고 남자는 이렇게 말했다.

"조만간 또 뵈었으면 좋겠습니다."

"앞으로 만날 일 없습니다."

나는 단호하게 말하며 전화를 끊었다. 거만한 목소리, 반성하지 않는 태도에 기분은 불쾌하였으나 내가 하고 싶은 말을 하여 속은 시원했다.

사랑하는 남편의 저녁 식사를 준비하면서 '잣대'에 대하여 곰곰이 생각해 보았다. 그러다 예수님 생각이 났다.

간음하다 현장에서 붙잡힌 한 여인을 사람들이 끌고 왔다. 그 당시에는 간음하다 잡히면 돌로 쳐서 죽이는 제도가 있었다. 성난 군중들은 손에 돌을 들고 와서 예수님께 고자질을 하였다. 당장이라도 돌로 쳐서 죽일 기세였다. 예수님은 땅에 무언가를 쓰셨다. 성난 군중들을 잠잠하게 하려는 주님의 의도였다. 예수님께서 무어라 하실지 기다리고 있던 군중들에게, 예수님은 이렇게 말씀하셨다.

“죄 없는 자가 이 여인을 돌로 쳐라.”

당장이라도 죽일 기세로 의기양양하던 군중들은 양심의 가책을 느꼈는지, 돌을 내려놓고 모두 그 자리를 떠나갔다.

드디어 예수님과 간음한 여인 단 둘이 남았다. 예수님은 여인을 향하여 부드러운 목소리로 이렇게 말씀하셨다.

“여인아, 나도 너를 정죄하지 않으니 돌아가서 다시는 죄를 짓지 마라.”

두려움에 떨고 있던 여인은 아마도 대성통곡했을 것이고, 평생 예수님을 믿고 따르는 사람이 되었을 거라는 생각이 든다.

이처럼 예수님도 사람을 판단하거나 정죄하지 않으셨는데……. 자신의 잣대로 사람들을 평가하고 정죄한다면, 우리들은 바리새인이 된다고 생각한다. 온유하신 예수님께서 가장 심하게 욕을 하였던 바리새인이, ‘회칠한 무덤’이라는 말을 들었던 바리새인이…….

이 일을 통하여 내 안에도 나만의 잣대가 있는 건 아닌지 돌아보는 계기가 되었다.

나이가 들었다고 해서 다 어른이 아니다. 인격이 겸비된 어른이 되자고, 진정으로 존경받을 수 있는 어른이 되자고 각오하는 귀한 시간이 되었다.

2.

울고 있는 그대에게

울먹이는 청춘들에게

이틀 동안 청년들에게 3회 연속 강연을 하였다. 청년들과 함께 하는 동안 나 자신도 20 대로 돌아간 느낌이었다.

지구 역사상 이 시대만큼 변화의 속도가 빠른 시대도 없었다. 하룻밤 자고 나면 세상은 급격하게 변화되어 있고, 생전 처음 본 신종 언어들이 탄생되어 있다. 변화하는 이 시대에 도태되지 않으려고 늘 공부하고 노력하는 나도 세상의 변화의 속도에 발맞추기가 버거움을 느낄 때가 종종 있다. 기기 문명의 발달로 편리함을 주는 대신 우리들은 많은 것을 잃고 살아가고 있다.

이 글을 쓰면서 나의 20대, 30대 시절을 반추해 보았다. 나의 20대 시절은 암흑 그 자체였다. 지독하게 가난하여 비닐하우스 움막에서 기거하고 있었는데, 대홍수로 그나마 버티고 있던 움막이 떠내려갔다. 속옷 하나 남기지 않고 모든 것이 다 사라졌다. 엎친 데 덮친 격으로 그 당시 딸을 출산한 지 이제 막 15일이 지난 무렵이었다. 정부에서 마련해 준 임시대피소에서 핏덩이를 품에 안고 대성통곡을 했던 기억이 난다. 눈앞이 깜깜하였다.

며칠 지나니, 물이 빠져 사람들은 모두 집으로 돌아갔다. 그러나 우리 가족은 돌아갈 집이 없었다. 그렇다고 방을 얻을 여력도 전혀 안 되었다. 졸지에 집 없는 신세가 되어 교회 옥상 종탑 아래에서 별을 보며 잠을 청하게 되었다. 노숙자 아닌 노숙인 생활을 하게 된 것이다.

그 후 사글셋방을 얻고 백일도 채 안 된 갓난아기를 업고 구두닦이 일을 시작하였다. 그러던 어느 날, 구두를 잘못 닦았다는 이유로 심한 모욕을 당한 이후, 이를 악물고 살아가야 하는 이유, 즉 꿈과 목표를 설정하였다. 일기장에 이렇게 썼다.

"최일주가 살아가야 되는 이유는……. 1. 명강사가 되자. 2. 사람의 영혼을 살리는 명작가가 되자."

한 치 앞도 보이지 않는 최악의 환경 속에서 스스로를 '꿈'이라는 멋진 녀석에게 묶어 두었다. 그러지 않으면 난 가출이나 자살이라는 극단적인 선택을 할 것만 같았다. 꿈은 나를 배신하지 않았다. 간절히 원하면서 피나는 노력을 하며 앞만 보고 달려온 결과, 18년 만에 나는 그 꿈을 이루었다.

안락은 악마를 만들고 고난은 사람을 만든다.

– 쿠노피셔

과격한 표현을 사용했지만, 이 말에 전적으로 공감한다. 헤아릴 수 없는 숱한 고난들을 겪으면서 내면이 향기로운 사람으로 승화되고 있다.

30대 중반, '팬시프라자'라는 가게를 인수했다. 20년 전인 그 당시 쾌 큰돈을 주고 가게를 시작하였다. 당연히 권리금도 많이 지불했다. 세상물정 어두웠던 나는 어리석게도 철저히 속았다. 결과는 참혹했다. 가게를 운영하기 전엔 빚이 10원도 없었는데 2년 만에 문을 닫으면서 산더미 같은 빚만 고스란히 남았다. 결국 신용불량자로 전락한 나는 옥탑방으로 내몰리고, 그 빚을 다 갚는 데 14년의 시간이 흘렀다.

그러나 값비싼 수업료를 지불하고 소중한 것을 얻었다. 노숙자, 구두닦이, 노점상, 보험설계사 등의 여러 가지 직업을 거쳐 현재 13년째 내 이름대로 전국 일주를 하며 많은 분들에게 꿈과 희망을 전하고 있다. 강연이 끝날 때면, 구두닦이를 하던 가여운 여인이 억대 연봉 강사가 된 자체가 동기부여가 되고 용기가 생긴다며 많은 이들이 내 손을 꼭 잡고 이야기한다.

2009년에 출간한 책 『당신이 이기기 전에는 끝이 아니다』도 많은 분들에게 희망을 주는 책으로 현재도 꾸준히 판매되고 있다.

아침저녁으로 제법 선선함이 느껴지는 계절의 변화를 보면서 인생을 생각하게 된다. 결실을 위하여 나는 무엇을 준비하며 어떤 그림을 가지고 살아왔는가? 황금 들판의 꿈을 가지고 가뭄과 혹독한 고난을 견뎌 낸 벼에게서 오늘도 생각의 재료를 얻는다.

21세기를 살아가는 청춘들에게 인생 선배로서 몇 가지 조언을 하려 한다.

1. 미래지향적인 시대의 트렌드를 읽을 수 있는 지혜를 가지십시오.

21세기는 감성시대, 지본사회(지식 · 지혜가 근본이 되는 사회), 뇌본사회(사람의 뇌가 부의 원천이 되는 사회)이다. 2012년 필름카메라의 대명사와 같았던 코닥필름이 파산 신청을 했다. 설립한 지 123년 만의 일이었다. 미국에서 시장점유율 90%를 기록하며 전성기를 구가하던 코닥필름은 욱일승천(旭日昇天)하지 못하고 끝내 무너지고 말았다. 코닥필름의 파산을 지켜보면서 필자는 만감이 교차하였다. 시대의 흐름과 트렌드를 읽을 수 있는 혜안이 절대적으로 필요함을 절감하는 계기가 되었다.

2. 사고(思考)와 의식수준의 레벨이 비슷한 배우자를 만나십시오.

생김새나 성격, 취향은 다르더라도 사고(思考)와 의식수준의 레벨이 비슷한 배우자를 만나야 서로 이끌어 주고, 소통하고, 성장하여 같은 방향을 보며 함께 갈 때, 서로 원하는 삶을 살 수 있다. 필자 자신도 서로 원하는 이상형을 만나 매일 함께 서로를 독려하고 성장하며 행복한 제2의 인생을 살고 있다.

3. 자신을 틀 안에 가두지 마십시오.

언젠가 책에서 이런 글을 읽은 적이 있다. 이 세상에는 진정한 어른은 많지 않고 고집 센 노인들이 많이 있다는 내용의 글이었다. 공감하며 읽었다. 자신의 우물에 갇혀 있는 사람은 자신을 주장하느라 타인에게서 그 어느 것도 얻으며 배울 수 없다. 늘 열린 사고(思考)를 갖고 어린아이에게서도 배울 수 있는 자세가 필요하다.

4. 과정을 즐기십시오.

필자는 어느 날 걸음마를 막 시작한 손자가 넘어지면 다시 일어나고 거듭되는 반복 속에 마침내 걸음마를 잘하는 모습을 보면서 큰 교훈을 받았다. "아니, 아기들은 평균적으로 3,000번 이상 넘어지는데 그 모습을 보고 '저 아기 걸음마 실패했네.' 이렇게 표현 안 하는데 왜 성인들은 한두 번 넘어지면 '실패'라는 표현을 할까? 과정일 뿐인데……."

필자 자신도 강사, 작가가 되기까지 수많은 과정을 경험했다. 실패가 아니라 그저 과정일 뿐이었다.

5. 내면이 아름다운 사람이 되십시오.

사회가 흉악해질수록 내면이 아름다운 사람, 즉, 열린 사고(思考)를 가진 사람, 사랑이 많은 사람, 겸손한 사람, 열정적인 사람, 진실한 사람, 이런 사람들이 주목받는다.

"인격자가 성공한다."라는 말이 있다. 필자 주변에 많은 성공자가 있다. 내면이 아름답지 않은 사람이 반짝 뜨다가 사라지는 것을 보면서 사람을 보는 혜안이 열려야 된다는 것을 느끼게 된다.

내 삶의 주인은 바로 나다. 우주의 주인도 바로 나다. 나는 21세기를 살아가는 청춘들의 울먹이는 등을 토닥였다.

"이제 감정의 일부분인 두려움을 떨쳐 버리고, 이룰 수 있다는 스스로의 믿음을 가지고 당당하고 활기차게 앞으로 나아가십시오. 어떠한 상황에서도 좌절하거나 낙심하지 말고 용기를 잃지 마십시오. 그리하면 행복이 여러분을 기다리고 있습니다. 21세기를 살아가는 청춘 여러분을 진심으로 축복하며 사랑합니다."

구더기 인생

며칠 전 감자탕을 먹은 후, 발라 놓은 뼈를 따로 모아 베란다에 놓아두었다.

그런 후 며칠이 지났다. 처리하려고 봉지에 담는데, 무언가 흰 물체가 꿈틀거리며 움직였다. 자세히 보니 흰 구더기였다. "으악!" 비명을 지르고 남편에게 달려갔다. 이미 내 몸엔 소름이 돋아 있었다. 사색이 된 나에게 남편이

"왜 그래? 무슨 일인데 그렇게 놀라? 베란다에 뭐가 있어?"

"저기…… 저기…… 구더기 있어."

손가락으로 베란다를 가리키며 남편 뒤에 바짝 숨었다.

"이 구더기가 뭐가 징그럽다고 놀라는 거야? 사람보다 훨씬 깨끗해."

구더기를 치워 주면서 말했다. '사람보다 훨씬 깨끗하다고?' 남편 말을 듣고 생각에 잠겼다.

'그래, 사람은 뱃속에 똥을 가득 안고 사는데, 구더기가 더럽다고 기겁을 했나. 사람인 나보다 훨씬 깨끗하지. 연일 뉴스에 보도

되는 사건, 사고를 보면 인간이기를 포기한 듯, 더럽고 끔찍한 사건이 가득한데…….'

이런저런 생각을 하고 있는데, 오늘 아침 읽은 성경 말씀이 생각났다.

입으로 들어가는 것이 사람을 더럽히는 것이 아니라 입에서 나오는 것, 그것이 사람을 더럽힌다.

– 현대인의 성경, 마태복음 15장 11절

입으로 들어가는 것은 무엇이든지, 배 속으로 들어가서 뒤로 나가는 줄 모르느냐? 그러나 입에서 나오는 것들은 마음에서 나오는데, 그것들이 사람을 더럽힌다. 마음에서 악한 생각들이 나온다. 곧 살인과 간음과 음행과 도둑질과 거짓증언과 비방이다. 이런 것들이 사람을 더럽힌다. 그러나 손을 씻지 않고서 먹는 것은, 사람을 더럽히지 않는다.

– 현대인의 성경, 마태복음 15장 17~20절

인터넷에서 구더기의 효능을 찾아보았다. 화상 환자에게도 탁월한 효과가 있고 열도 내려 주고, 체기도 내려 주고, 복부창만, 감창 치료에도 우수한 효과가 있음을 알게 되었다. 그러고 보니 문득 떠오르는 TV 장면이 있다. 예전에 인기리에 방영되었던 KBS 사극 〈정도전〉에서 귀향 간 이인임이 항아리 속에 있는 구더기를 장복하는 모습이 있었다. 당뇨 걸린 이인임이 소갈병에 탁월함을 알고 먹는 장면이었다.

이스라엘의 왕 다윗은

나는 벌레요. 사람도 아니라.

– 시편 22편 6절

라고 고백하였고, 당대 의인이었던 욥은

벌레인 사람, 구더기 인생.

– 욥기 25장 6절

이라고 고백했다.

과거 나는 스스로 착한 사람인 줄 알았다. 교회 처음 나갔을 때, 목사님 설교 중에 죄인 운운할 때마다 불쾌했다. 그러나 파란만장한 인생을 살아오면서 벌레보다 더 추악한 죄인임을 깨닫게 되었고, 나의, 아니 인류의 모든 죄를 용서해 주시기 위해 십자가에서 처참하게 처형당하신 후 죽음을 이기시고 3일 만에 부활하신 예수님을 내 마음에 모시게 되었다.

교도소 수형자에게 9년 동안 인성교육을 하면서 항상 이렇게 오프닝 멘트를 했다.

"저는 여러분보다 훨씬 더 추악한 죄인입니다. 과거에는 교도소에 있는 여러분을 향해 정죄하고 판단했습니다. 그러나 살아오면서 마음으로 누군가를 미워하였을 때, 이미 저도 살인자와 똑같은 사람인 것을 알게 되었습니다. 극한 환경, 극한 처지가 되면 저도 얼마든지 중범죄자가 될 수 있음을 깨닫게 된 후, 그 어떤 사람도 정죄하지 않게 되었습니다."

겸손한 태도와 정감어린 목소리로 이렇게 시작하면 많은 수형자들이 몰입하여 경청했다. 높은 산 정상에 올라가 도시를 내려다보면 사람들의 움직임이 어렴풋하게 보인다. 마치 개미가 기어가는 것 같다. 차량들의 움직임은 장난감 자동차의 행렬 같다. 그런데 뭇 사람들은 사람의 외모, 집 평수, 소유한 차로 그 사람을 평가한다. 벤츠 앞에 소형차가 끼어들면 경적을 울리며 무시한다. 차량의 크기와 사람 인격이 비례하진 않을 텐데…….

마치 교도소 밖에 있는 '죄인'들이 수형자를 보면서 '중죄인'이라고 정죄하는 것은 흰 구더기가 검은 구더기를 보면서 "어휴, 더러워!"라고 말하는 것과 같다. 하나님께서 보시기엔 똑같은 죄인인데…….

그러나 우리에게는 희망이 있다.

그는 우리 죄를 자기의 몸에 몸소 지시고서, 나무에 달리셨습니다.
그것은, 우리가 죄에는 죽고 의에는 살게 하시려는 것이었습니다.
그가 매를 맞아 상함으로 여러분이 나음을 얻었습니다.

– 현대인의 성경, 베드로전서 2장 24절

우리들의 더러운 죄로 인해 멸망당해 지옥에 가야 할 우리들 대신에 우리의 죄를 용서해 주시기 위해 하나님의 아들이신 독생자 예수님께서 친히 십자가에서 엄청난 고난을 당하셨다.

> *하나님께서 세상을 이처럼 사랑하셔서 외아들을 주셨으니, 이는 그를 믿는 사람마다 멸망하지 않고 영생을 얻게 하려는 것이다.*
>
> – 현대인의 성경, 요한복음 3장 16절

이 책을 읽고 계신 여러분들을 축복하며, 기도합니다.

집을 나간 자식을 기다리느라 밤마다 대문 열어 놓고 기다리는 하나님 아버지 품으로 속히 오시기 바랍니다. 하나님은 여러분을 너무너무 사랑하십니다. 더 이상 지체하지 마시고, 하나님 사랑에 반응하십시오.

꼭 구입해 주세요

저는 상인이에요. 제 이름대로 전국을 일주하며 13년째 참 귀한 것을 판매하고 있어요.

오늘은 특별히 여러분에게 판매할 제품의 특성과 효능에 대해서 알려 드리려 해요. 이 글을 읽으시는 모든 분들이 필히 구입하셨으면 좋겠어요. 아, 그런데 여러분들 표정이 고민스런 모습이네요. 가격 걱정일랑 하지 마세요. 아주 저렴한 가격으로 판매하려 해요. 돈 없는 분들도 고민하지 마세요. 그냥 드릴 수 있거든요. 저렴한 가격이라고 '별 볼일 없는 게 아닌가?' 미리 생각하지 마세요. 전혀 그렇지 않아요.

많이 궁금하시지요? 여러분 모습을 보니, 무척 궁금한 표정이네요. 뜸들이지 말고 얼른 이야기하라고요? 알았어요. 서론은 그만 접고 이제부터 제품 소개를 할게요.

1. 이 제품은 지구 마을에 살고 있는 모든 분들에게 꼭 필요합니다. 특히 외로운 분, 병마에 시달리고 있는 분, 경제적으로

힘든 분, 소외된 분들에게 꼭 필요하여 강력 추천합니다.

2. 이 제품을 구입하면 자동적으로 따라가는 것이 세 개 있습니다.
3. 제품 부작용은 전혀 없고요. 유효기간은 우리들이 이 세상을 떠나는 순간까지 사용해도 전혀 녹슬거나 소모되지 않아요.
4. 이 제품을 제대로 사용한 수많은 사람들은 과거의 역사 속에서도, 또 현재까지도 선한 영향력을 끼치고 있답니다.

이 정도면 구입할 만하시지요. 자, 그럼 드디어 공개합니다.

짜잔~! 여러분들이 궁금해 하신 제품은 바로 '희망(希望)'입니다. 역시 모든 분이 기뻐하시네요.

저는 이 제품을 저의 삶에 '의인화'하여 표현하지요. 너무 멋진 아이입니다. 이 애가 제 옆에 없었다면, 저는 벌써 이 세상을 등졌을 거예요.

같이 포함되어 있는 애는 "늘 감사와 사랑"과 "용기"란 애지요. "늘 감사와 사랑", "용기", 이 세 아이를 항상 가슴속에 품고 다닌답니다. 늘 사랑과 감사 제품을 제대로 사용하면 저절로 희망이 생기더군요.

사랑하는 여러분, 잠깐 제 얼굴을 똑바로 쳐다보실래요? 제 인상, 어떤가요? 인상이 좋고 행복해 보인다고요! 제가 왜 여러분에게 여쭈어 보았나 하면요. 과거 저는 노숙자였으며 백일도 안 된 갓난아기를 업고 구두닦이를 하고 길거리에서 과일을 팔던 노점상이었어요. 희망보다는 절망이 늘 가까이에 있었어요. 그런데 어느 날부터 늘 감사와 희망을 구입한 후, 현재 저는 13년째 전국 일주하며 많은 분들에게 희망을 나누어 드리는 명강사, 작가로서 행복한 인생을 살아가고 있어요.

너무도 소중한 여러분, 저 여러분에게 희망을 판매할 자격이 있지요? 이 글을 읽고 계신 모든 분들이 이 순간 희망을 구입하셔서 너무 기뻐요. 저 활짝 웃는 모습 보이시지요? 사용설명서 잘 읽어 보신 후, 지금 즉시 사용하세요.

사랑하는 여러분, 사용설명서의 핵심은 매일, 항상 사용하시는 거예요. 심지어 꿈속에서도 이 애들을 놓지 않는 거예요. 이것만 반드시 지켜 주세요. 이 제품을 구입하신 것, 진심으로 축하드려요. 이제부터 여러분 삶에 밝은 태양이 비치어 행복한 일이 꼬리에 꼬리를 물고 생길 거예요.

소중한 여러분, 진심으로 사랑합니다. 끝으로 극한 상황 속에서 탄생한 저의 글을 올립니다.

희망은 죽어 가는 사람도 살려 내지만 절망은 살아 있는 사람조차도 죽인다.

– 최일주

희망을 파는 상인,

최일주 올림

기적은 삶속에 있다

강원도에서 군 복무하는 아들에게서 오랜만에 전화가 왔다. 연일 내리는 눈을 치우느라 힘들다고 하소연했다. 추위를 많이 타는 아들은 "엄마, 강원도 너무 추워요."라면서 어린애처럼 이야기하였다.

그러나 목소리는 시종일관 경쾌하였다. 자기 아래로 10명의 후임병사들이 있다고 말하였다. 몇 달 전 첫 휴가를 다녀갔지만, 아들 목소리를 들으니 보고 싶어 눈시울이 붉어졌다. 군복 입은 아들 사진을 보니 기적처럼 태어난 과정들이 아스라이 떠오르기 시작했다.

첫딸을 출산한 후, 지독하게 가난하여 끼니를 걱정하고 있을 때, 보건소 아줌마의 끈질긴 설득으로 고민 끝에 아기 못 낳는 수술을 하였다. 1980년대 중반에는 이런 광고가 있었다.

'잘 키운 딸 하나 열 아들 안 부럽다', '지구는 초만원이다' 등 정부는 인구 억제 정책을 대대적으로 펼쳤다. 라면, 국수로 연명하던 그 시절, 아기 못 낳는 수술을 하면 현금 20만 원과 정부미 1포대를 준다는 꼬임에 빠져 결국 수술을 받고 말았다.

그 후, 가정형편이 차츰 좋아지기 시작하니 후회가 밀려오기 시작했다. 딸아이는 성장하면서 형제가 없다는 현실 앞에서 외로움을 느끼며 자주 동생을 낳아 달라고 간청을 했고, 때론 떼를 쓰기도 했다. 그럴 때마다 내 가슴은 찢어지는 듯했다.

주변 이웃들은 나를 보면 이런 말을 했다.

"찬미 엄마, 왜 여태 찬미 동생 안 낳아요? 한 살이라도 젊었을 때 낳아야지, 너무 늦으면 힘들어요. 얼른 낳아요."

속내도 모르고 보는 사람마다 한마디씩 했다. 시간이 가면 갈수록 후회는 더 깊어졌고, 스스로를 자책하고 정죄했다. 너무 아기가 갖고 싶었던 마음 때문인지 상상임신을 하기도 여러 번. 아기 분유 광고를 볼 때면 미칠 것만 같아서 채널을 돌렸다. 크리스천인 나는 금식기도, 백일기도도 여러 번 하였다. 백일기도가 끝난 어느 날, 이렇게 기도를 했다.

"하나님, 감사합니다. 딸이 있는 것만으로도 감사합니다. 이제 둘째 아기는 포기하겠습니다."

이렇게 기도한 후에 혹시 둘째 아기가 생기면 사용하려던 포대기를 미련 없이 버렸다.

그런데 포대기를 버리면서까지 포기한 그다음 날부터 놀라운 일들이 일어나기 시작했다. 서울 친정을 다녀오면서 고속버스 안에서 우연히 만난 두 아이의 엄마로부터 전화가 왔다. 이 여인도 나처럼 가정형편이 어려워 아기 못 낳는 수술을 한 후에 후회되어 복원수술을 하여 둘째 아기를 낳은 분이었다. 내게 복원수술 잘하는 병원을 소개해 주었고, 소개해 준 서울 병원에서 검사를 하였다. 그리고 다행스럽게도 검사 결과, 건강하여 수술이 가능하다고 했다.

정부로부터 받은 돈의 10배의 수술 비용도 준비되었다. 드디어 수술 날짜가 정해졌다. 일주일간 입원할 준비물을 챙겨 혼자서 씩씩하게 서울 병원에 도착했다. 그리고 장장 세 시간의 대수술이 진행되었다. 마취에서 깨어난 순간 심한 통증으로 무척 힘들었다. 그러나 얼마나 손꼽아 기다린 수술인가? 아픈 배를 어루만지면서 이렇게 말했다.

"찬영아, 엄마가 너를 만나기 위해 이 수술을 했어. 사랑하는 찬영아, 어서 속히 엄마에게 오렴."

이미 오래전에 지어 놓은 둘째 아이의 이름 '찬영이'를 연신 부르면서 감사의 눈물을 흘렸다. 의사는 성공적으로 수술이 진행되었다고 말해 주었다.

그리고 복원수술 한 지 한 달이 지난 어느 날, 몸의 변화를 느껴 10살 된 딸과 함께 산부인과를 갔다. 검사 결과, "축하합니다. 임신입니다." 나와 딸은 우리 귀를 의심하였다. 너무 놀란 나는 되물었다.

"어머나! 선생님, 정말인가요?"

"사실입니다. 축하합니다."

딸과 나는 기쁨의 눈물을 펑펑 흘리면서 "하나님, 정말 감사합니다. 감사합니다."를 연발하였다. 딸은 아빠에게 전화하여 소식을 알리니, 처음엔 믿지 않았다고 한다. 병원 앞에서 찬미에게 연한 갈색의 사자 인형을 사 주었더니, 찬미는 동생이 태어나면 오늘 있었던 일을 이야기해 주겠다고 말했다. 그 후 10개월간 온갖 정성을 다해 태교를 하였다. 배 속에서의 10개월이 태어나서의 10년과 같다는 내용의 책을 이미 오래전에 읽었기에 심혈을 기울여 태교에 전념했다.

드디어 1995년 8월 29일 오후 5시 9분, 3.5㎏으로 아들 찬영이가 태어났다. 그야말로 양쪽 집안의 경사였다. 딸은 11년 만에 태어난 동생을 엄마처럼 사랑하며 돌봐 주었다.

하나님 은혜로 아들은 잘 성장하여 방황하는 많은 친구들을 붙잡아 주고 우리 부부에겐 기쁨을 주고 있다. 천국 가신 친정엄마의 소원은 외손자 키가 180㎝가 넘는 것이었는데, 키도 훤칠하다. 영화감독이 꿈인 아들은 대학교도 자신의 꿈에 맞는 학과를 선택하였다.

작년 여름, 포병인 아들이 어느 날 포 위에서 청청지역 강원도 밤하늘에 끝없이 펼쳐진 별들의 향연을 보고 넋이 나가 상사가 호출하는 소리도 못 들어서 전체 기압을 받았다는 이야기를 듣고 걱정도 되었고 폭소도 터졌지만, 나의 감성을 많이 닮은 아들이 참 대견해 보였다.

〈벤허〉, 〈십계〉를 만든 영화감독 윌리엄 와일러보다 더 뛰어난 영화감독이 되어 세계 속에 대한민국을 빛내고 선한 영향력을 끼치는 아들이 되길 오늘도 조용히 기도한다.

3시간의 수술과 자연분만으로 두 번의 힘겨운 고통 가운데 태어난 아들은 하나님이 주신 귀한 선물임을 절감하며 사랑과 정성으로 양육해 왔다.

아들의 탄생은 내가 본 기적이었다.

벌거벗은 힘을 세상에 보여주라

2016년 5월 24일, 삼성생명 휴먼센터에서 근무경력이 3년~4년 된 FC 대상 동기부여 특강을 했다.

그런데 강의를 준비하면서 고민에 빠졌다. 나를 감싸고 있는 체면의 옷과 자존심의 옷을 훌훌 벗어 버려야 할지, 그대로 꼭꼭 입고 있어야 할지를 결정하지 못했다. 그러던 중 나는 'why'라는 질문을 내게 던졌다.

"너는 왜(why) 강의 하니? 누가 주체이니? 너도 5년 동안 보험설계사로 활동하여 이분들의 심정 잘 알고 있잖아. 당연히 체면의 옷을 훌훌 벗고 희망과 용기를 드려야 해. 알았지, 일주야!"

내 안의 내면의 소리에 귀 기울였고, 감정이입 단계를 거쳤다. 강연 시 기본이 되는 세 가지 원칙인 'why, how, what'을 적용하여 강의안을 만들고, 에피소드와 함께 삶 속에서 체험한 유머를 골고루 배치하여 강연설계도를 완성하였다.

드디어 용인휴먼센터 교육장 무대에 올라섰다. 교육담당자의 소개에 모든 시선이 내게 집중되었다. 참석한 선한 눈망울을 지닌 FC의 표정을 보니, 사랑스런 마음이 저절로 생겼다. 나는 가감 없이 자존심의 옷, 체면의 옷을 훌훌 벗어 버렸다. 강연 중 눈물을 흘리면서 열강하는 나와 교육생들은 온전히 하나가 되어 함께 웃고, 울었다.

특히 앞에서 네 번째 줄에 앉아 초집중하여 강연을 청강하던 한 분은 큰소리로 울어서 주변 교육생들이 손수건으로 눈물을 닦아 주고 등을 토닥여 주었다. 마음을 위로해 주니 자기 설움에 눈물이 폭발한 것 같았다. '얼마나 마음이 힘들면 많은 사람들 앞에서 대성통곡을 할까?' 하는 마음이 들어 내 가슴이 아려 왔다.

의미 있는 마무리 멘트를 한 후, 열강이 끝났다. 반응은 폭발적이었다. 그것은 아마도 부끄러워하지 않고 가감 없이 벌거벗은 용기에 박수를 친 것이라 생각한다.

설문지를 빠르게 작성하고 나온 교육생들이 사인을 부탁하여 한 분 한 분 정성껏 해 드렸다. 집으로 내려오는데, 계속 문자 알람이 울렸다. 내게 온 메시지이다.

"원장님, 조금 전에 강의 들은 삼성생명 FC 박○○입니다. 너무 감동입니다. 나를 사랑함이 얼마나 큰 결과물인지를 원장님을 통해 배웠습니다. 끊임없이 도전하고 공부하겠습니다. 원장님을 롤모델삼아 꿈을 향해 한 걸음 내딛는 꿈의 도전자가 되겠습니다."

"최일주 원장님, 진심이 와 닿는 진솔한 강의, 체면의 옷을 벗어

던진 명강의, 소중하게 간직하겠습니다. 바쁜 일정에 항상 건강 조심하시고 또 뵙기를 희망합니다. 고맙습니다."

"최일주 원장님! 정말로 감동적인 강의였습니다. 그중에서도 아픈 과거를 이야기하시는 그 용기에 박수를 보냅니다."

"너무 아쉬웠던 시간 속에 눈물과 환희가 있었던 강의, 감사합니다. 우주의 주인이 바로 나임을 깨닫고 인생 승리자가 되라는 최일주 강사님의 말씀 잘 새겨듣겠습니다. 너무 고맙습니다. 항상 건강하시고 행복하세요."

"마음을 울리는 감동스러운 강의! 과연 나라면 어땠을까? 누구도 할 수 없는 일을 해내신 분! 존경하는 마음이 샘솟습니다. 고통에는 뜻이 있다는 말씀처럼, 고통이 있었기에 오늘의 최일주 명강사님의 강의가 심금을 울리는 강의가 되지 않았나 싶네요. 다음번 만날 날이 벌써부터 기다려집니다. 최일주 원장님! 항상 건강하시고 행복하세요."

"최일주 원장님! 너무 뜻깊은 강의였습니다. 원장님의 살아오신 아픈 과거까지 다 전달해 주시는 강의, 정말 감동이었습니다. 최고의 강사이심이 분명하셨습니다. 정말 반가웠습니다. 오늘도 행복한 하루 되세요."

“어마어마한 역경과 연단을 사랑으로 이겨 내시고 행복으로 이끌어 오신 마인드에 경의와 찬사를 보내 드립니다. 감히 어찌 인간으로서 견딜 수 없는 그 고난을 꿈과 열정으로 이겨 낸 마인드에 존경을 금할 수 없었습니다. 앞으로 많이 배우고 섬기겠습니다.”

“교수님께 말씀드렸다시피 저라면 도저히 할 수 없는 일이였답니다. 정말 대단하시고 삶을 숭고하게 사셨던 교수님! ‘최일주성’이라는 멋진 애칭은 그냥 말씀 드렸던 게 아니었답니다. 이제 더 많은 분들에게 꿈과 희망의 등불이 되셔서 모두의 가슴속에 빛나는 별이 되십시오.”

“최일주 원장님의 진솔한 삶의 여정은 세상을 감동케 합니다. 대한민국의 희망이요. 대한민국의 소망이 되실 거라 확신합니다.”

“자기 노출이 쉽지 않지만 이젠 말할 수 있다는 자신의 힘겨운 여정을 승화하여 희망, 성공, 행복의 밑거름이 되신 최일주 원장님, 스승님으로 모시겠습니다. 존경합니다. 살아오신 삶에 박수를 보내며 응원합니다.”

“원장님, 강의 내내 원장님의 삶의 일부가 되어 함께 마음 아프고 눈물지으며 보낸 시간이 떠오르네요. 마음앓이로 힘든 시간을 보낸 저에게 더 열심히 삶을 살아갈 수 있도록 힘찬 에너지를 주셔서 감사했습니다. 원장님의 행복한 미소를 더 많은 분들에게 나누어 주세요."

"전율이 다시금 짜악 하고 제 마음에 들어오는 걸요. 저는 아직 그런 용기가 없나 봐요. 최고의 동기부여가입니다. 글도 잘 쓰시고 강의도 잘하시고 두 번째 책이 출간되면 바로 베스트셀러 될 거예요!"

옷을 벗기 전 고민했고 망설였던 나는 참 잘했다고 생각했다. 그것들은 '알량한 허울'뿐이었다고 스스로 자위하였다.

나는 앞으로도 '참나무처럼 발가벗은 힘'을 길러서 이 '지구 마을'에 꿈과 희망을 주리라고 오늘도 결심해 본다.

당신이 이기기 전에는 끝이 아니다

2009년 8월 25일, 첫 저서인 『당신이 이기기 전에는 끝이 아니다』가 세상에 나왔다. 좋아하는 핑크색 표지에 환하게 웃고 있는 내 사진이 표지에 실렸다. 내 책이 세상에 나오기까지 많은 우여곡절이 있었다. 원고를 보낸 후, 출판사 사정으로 몇 년 동안 출간이 지연되었다. 포기하고 있었는데 고개를 쏙 내밀고 세상에 나왔다.

책이 나온 후, 사회에 이슈가 되었다. 평범하지 않게 살아온 삶이 많은 이들에게 반향을 일으킨 것이다. 또한 노숙인 생활을 한 여인이 강사가 되었다는 사실이 신선한 충격으로 다가왔던 모양이다. 신문, 인터넷 뉴스, 여성 잡지 등 여러 언론사에서 인터뷰 요청이 쇄도하였다. 덩달아 강연 의뢰가 더 많아졌다.

그러나 나를 가장 행복하게 한 것은 내 책을 읽고 많은 분들이 희망을 붙잡았다는 사실이다. 다음은 내 책을 읽고 새 삶을 찾은 분들의 이야기이다.

전주에 사는 어떤 남성분의 이야기이다.

경찰공무원으로 자긍심을 갖고 성실히 근무하고 있었다. 그러던 중 어떤 사건에 연루되었다. 억울한 누명을 쓰고 상부의 압력에 의해 명예퇴직을 하게 되었다. 하루아침에 직장을 잃고 허구헌 날 집구석에 틀어박힌 채 방황하며 지내고 있었다. 아내가 출근을 하면 온종일 술을 마시기 일쑤였다.

아내가 퇴근하여 매일 만취한 상태로 누워 있는 남편을 볼 때면 억장이 무너졌다. 세 살배기 여자아기도 눈이 풀려서 해롱해롱하는 아빠가 무서워 아빠 곁에 가지 않았다. 곁에서 아내와 친구들이 아무리 위로하고 설득하여도 방황은 날이 갈수록 점점 더 심해져 갔다.

"난 너무 억울해. 억울하다고. 너희가 억울한 내 심정 알아?"

매일 울부짖었다. 그러기를 수년의 시간이 지났다. 그러던 어느 날, 삼성화재에 근무하는 절친한 친구가 내 책을 선물하였다. 꼭 읽어 보라는 당부의 말도 덧붙였다.

방 한쪽 구석에 밀어놓았다. 관심도 없었고 '내 처지에 책을 읽으면 뭐해?' 하는 비관적인 마음만 들었다. 그런데 제목과 환하게 웃는 내 얼굴이 자꾸 끌렸다고 한다. 책을 읽기 시작했다. 읽어 나갈수록 눈물이 앞을 가렸다. 단숨에 읽어 내려갔다. '어떻게 이런 인생이 있을 수가 있나?' 자신이 부끄러워 얼굴을 들 수 없었다고 한다.

그리고 나라면 과연 이런 삶을 살 수 있나 자문자답하였다. 이

분은 그날부터 변화하기 시작하였다. 아내도, 친구도 변화한 모습에 기뻐하며 새로운 일자리를 찾아서 새로운 길을 가고 있다고 한다. 장문의 글이 메일로 왔다. 자신이 일어설 수 있게 한 힘은 원장님 책 덕분이라고, 감사하다고. 전화 통화도 여러 번 하였다.

잘 살고 있을 ㅇㅇ아빠, 너무 멋져요.

남자에게 두 번씩이나 버림받고 아기를 외국으로 입양 보내고 또 다른 장애아 아들을 혼자 키우면서 자살을 하려 했던 여인이 책을 읽고 원장님 때문에 꿈을 이루었다고 선물을 들고 내가 강연하는 곳으로 찾아오기도 했다.

또 아버지의 폭행과 가정불화로 방황하던 중학교 2학년 남자아이가 책을 읽고 멋지게 변화하여 꿈을 향해 가고 있다. 그런가 하면, 소녀가장으로 오랫동안 힘겹게 살아오던 여인이 자신의 정체성에 대해 고민하며 삶의 의욕을 잃어 가던 무렵, 책을 읽고 용기를 갖게 되었다.

감사할 것이 많은데도 전혀 감사하지 않고 매일 불평불만만 늘어놓다가 책을 읽고 모든 것에 감사하며 기쁨의 삶을 살았다는 주부도 있고, 어떤 사람은 계속되는 나의 시련에 책을 읽으며 짜증이 나기도 했다는 사람도 있었다. 어떤 사람은 책을 다 읽은 후, 거듭된 시련을 이기고 꿈을 이룬 나에게 환호성을 질렀다는 사람도 있었다.

이외에도 어떤 이는 자살을 준비하고 있던 차에 우연히 내 책을 발견하고 단숨에 읽었다고 한다. 지독하게 고생한 나에 비해 자신의 아픔은 죽음 앞에 선 말기암환자 앞에서 감기 걸려서 죽겠다고 (요즘은 감기도 위험하지만) 엄살 부린 격이라 부끄러웠다고 고백한 사람도 있었다. 이외에도 일일이 다 나열할 수 없는 많은 분들이 연락을 해 왔다.

책을 쓸 당시, 과거의 상처로 인해 쓰기 싫었다. 아니, 더 정확한 표현은 '체면의 옷을 벗고 싶지 않았다'고 하는 것이 맞겠다. 그러나 내 책을 통해 단 한 분이라도 용기를 갖게 된다면, 기꺼이 자존심의 옷을 벗어 던지리라 결심하며 원고 작업을 하였다.

7년이 지난 지금도 꾸준히 판매되고 있는 이 책은 내 인생1막 1장의 기록이다. 그러나 현재는 1막1장과 비교할 수 없을 정도로 행복한 삶을 영위하고 있다.

책 제목대로 '최일주가 이기기 전에는 끝이 아니기' 때문이다.

매 맞는 남편

며칠 전 있었던 일이다.

주문받은 '21세기 5세대 힐링 에너지 메달'을 보내기 위해 남편이 우체국에 갔다. 택배 상자에 주소를 쓰는데 굵은 펜으로 쓰니 글씨가 크게 써져서 여백이 없어 난감한 표정으로 서 있었다고 한다. 지켜보던 창구 직원이 새 용지와 네임펜을 가져다주면서 다시 쓰라고 권했다.

평소 유난히도 장난기 넘치는 옆지기(남편 닉네임)는 또다시 장난기가 발동했다.

"어휴, 제가 매사에 이렇게 띨빵이라 마누라한테 허구한 날 얻어맞고 살아요."

"어머나, 세상에……. 맞고 사세요?"

여직원은 작은 눈을 크게 뜨며 화들짝 놀랐다.

"매 맞는 남편에 관한 뉴스가 나올 때, 정말 저런 남자들이 있을까 안 믿어졌는데……. 오늘 매 맞는 분을 직접 보네요."

마치 신기한 동물을 보듯이 흘금흘금 쳐다보더란다. 옆지기를 바라보는 표정에서 동정의 눈빛이 가득했다.

우체국에서 일처리를 마친 후 블로그에 글을 쓰고 오려고 고객용 의자에 앉아 열심히 글을 쓰고 있었다. 그런 옆지기의 모습을 지켜보던 여직원은 이렇게 말했다.

"왜 집에 안 가세요?"

옆지기는 최대한 가여운 표정으로 심각하게 이야기했다고 한다.

"글이나 좀 쓰고 가려고요. 집에 가면 또 얻어터지니까 가기 싫어서요."

여직원은 마치 아픈 곳을 잘못 건드려 미안한 표정으로,

"아, 그러세요. 천천히 가세요."

옆지기를 향하여 측은지심의 마음을 담은 눈빛에 웃음이 터져 나오는 것을 간신히 참았다고 한다.

남편은 우체국에서 있었던 일을 어린아이처럼 신나게 이야기했다. 얼마나 웃었는지 밥 먹기가 곤란할 정도였다. 실컷 웃고 나서야 나는 정신이 번쩍 들었다.

"아니, 뭐야! 그럼 나를 남편 때리는 못된 여자로 만들었잖아. 절대 당신과 그 우체국에 안 갈 거야. '저 여자가 남편 때리는 천하의 독한 여자구나.' 이렇게 생각할 것 아냐?"

앙칼지게 소리 질렀다. 이야기를 들을 때에는 멋도 모르고 신나게 웃었는데, 가만 생각해 보니 그냥 웃을 일이 아니었다. 정신을 차리고 보니 어느 날 갑자기 남편 때리는 못된 여자로 급부상 했다.

남편은 빙긋이 웃으면서 천연덕스럽게 말했다.

"다른 곳 갈 때에는 손잡고 가다가 우체국 앞에서는 손 놓고 가면 되지."

나는 남편이 우체국을 나온 후 직원들 사이에 오고 갔을 대화 내용을 상상해 보았다. 또한 그 여직원은 집에 가서 남편에게 말했을 것이다.

"오늘 내가 매 맞고 사는 남자를 직접 보았는데, 생긴 건 멀쩡하게 생긴 거 있지? 키도 작고 체격도 왜소해서 더 맞는 것 같더라고……."

이런 현실감 있는 상상을 하면서 우리 부부는 또 한바탕 박장대소했다.

장난기가 심한 남편으로 인해 함께 다닐 때 긴장할 때가 많다.

한번은 이런 일도 있었다. 짐이 있어 지하철 위에 있는 엘리베이터를 탔다. 연세가 드신 할머니가 헐레벌떡 숨을 몰아쉬며 타셨다. 공간 안에 이미 5~6명의 어르신들이 어색하게 서 있었다. 그런데 갑자기 남편이 어색한 공간을 깨뜨렸다.

"여기 계신 어르신들 번호표는 뽑으셨나요?"

조용하던 공간 안에 잠시 정적이 흘렀다. '이게 웬 말이여?'라는 표정을 지으며 황당해했다. 때마침, 정적을 깨고 한 분이 활짝 웃으면서 입을 열었다.

"벌써 뽑았지요."

어안이 벙벙하던 다른 분들도 그제야 알아듣고 폭소를 터뜨렸다. 그러자 어색하던 공간이 금세 화기애애한 분위기로 변했다.

한번은 또 이런 일도 있었다. 지하철을 탔는데 점잖게 생긴 중년 남자가 우리들을 보고 옆자리로 비켜 줬다. 그런데 갑자기 남편 왈,

“저…… 이 자리에 방귀 뀌어 놓으신 건 아니지요?”

그 순간 나는 아찔했다. 도저히 농담을 받아 줄 얼굴이 아니었기 때문이다. 아니나 다를까.

“당신, 뭐야? 지금 나 놀리는 거요?”

붉으락푸르락한 얼굴로 씩씩거렸다. 지하철 안 분위기는 일순간 험악해졌다. 주변 사람들의 시선이 우리에게로 쏠렸다.

“죄송합니다. 제가 농담을 심하게 했습니다.”

결국 정중히 사과함으로써 일단락됐지만, 옆지기는 내게 일장 훈시를 들어야 했다.

“제발 얼굴 봐 가며 농담하세요.”

그 후엔 조심하며 유머를 사용한다.

책 읽고 글쓰기를 좋아하는 우리 부부는 현재 작가로서의 꿈을 키우며 소설도 준비 중이다. 소설 내용과 제목도 정해 놓고 있다. 이 세상에 선한 영향력을 끼치는 멋진 소설이 탄생될 거라 믿는다.

수많은 시간 들 속에서 옆지기의 유머로 인해 혹독한 시련의 시간을 이겨 낸 수 있었다. 졸지에 매 맞는 남편이 된 옆지기로 인해 오늘도 빙그레 미소 지어 본다.

세상에서 가장 행복한 외침

2016년 1월 13일 오후 2시, 핑크색 코트를 입고 서울역 광장 2번 출구 옆 천막 안에서 마이크를 잡았다. 영하권의 날씨에 마이크를 잡은 손이 시려 왔다.

천막 안에는 노숙인 쉼터에 거주하시는 귀한 형제분 100여 명이 자리하고 있었다. 예수님 말씀하시기를, 한 영혼이 천하보다 귀하다고 하신 대로 사랑하는 마음으로 강연을 시작했다.

"예전에는 겨울을 좋아했는데, 여러분을 사랑하면서부터 겨울을 싫어합니다."

진심 어린 나의 고백으로 강연을 시작하여 마음을 열게 하였다.

"여러분은 얼마나 추우 십니까!"

이 대목에선 나도 모르게 가슴속에서 슬픔이 일렁이며 목구멍으로 울컥하고 올라왔다. 나는 그렇게 가슴으로 울먹이면서 강연을 했다.

천막 안이지만 발이 시렸다. 흔한 난로도 하나 없었다. 손과 발을 에는 강추위에도 100여 분 넘게 참석하여 기쁘면서도 마음 한편이 짠했다. 사랑한다는 진실한 나의 고백에 여기저기서 따뜻한 반응이 이어졌다.

누가복음 2장 19절 말씀인 '부자와 거지 나사로' 말씀을 전하며 그들을 위로했다. 고개를 계속 끄떡거리며 몰입하는 모습에서 오히려 내 자신이 존재감을 느끼며 적잖은 격려를 받은 시간이었다. 서울역이 떠나가도록 외치는 내 목소리에 지나가던 행인들도 천막 안을 기웃거렸다.

열강이 끝난 후, 준비해 간 양말을 나누어 드렸다. 그리고 한 분 한 분 배웅을 하면서 따뜻한 인사를 건넸다.

"사랑해요. 힘내세요. 또 뵐게요."

작아진 어깨를 한껏 늘어뜨리며 터벅터벅, 쪽방촌으로, 노숙인 쉼터로 발걸음을 옮기는 뒷모습을 지켜보면서 또 한 번 눈물을 흘렸다.

13년째 강연을 하면서 가장 행복했던 강연이 언제였냐고 물어본다면, 나는 주저 없이 대답한다.

"쪽방촌에 거주하는 소중한 형제님들 앞에서 강연할 때가 제일 행복합니다."

언젠가는 이런 적도 있었다.

동일하게 서울역에서 강연을 했다. 때는 가을이라 날씨가 화창했다. 열정적으로 강연하는 나를 보고 지나가던 행인들이 삼삼오오 천막 안으로 들어왔다.

비록 몇 개월에 불과하지만 집 없는 생활을 해 보아서 이분들의 심정을 조금은 알기에 용기를 드리고 싶어 목청껏 외쳤다. 무엇보다도 이분들을 향한 나의 사랑의 마음을 전 하고 싶었다.

그렇게 열강이 끝난 후, 나의 강의를 들은 많은 분들이 내게 다가왔다. 명함을 원하는 분도 있어서 공손히 드렸다.

그리고 잠시 후, 남루한 옷차림의 한 분이 내 품 안에 와락 안겼다. 갑작스러운 상황에 당황하기도 잠시, 나는 엄마가 사랑하는 자식을 품에 안듯 꼭 안아 주었다. 참 기뻤다. 나의 마음이 전달된 것을 확인하는 순간이었다. 이분들을 만나고 집으로 내려오는 열차 안에서는 콧노래가 절로 나왔다.

나는 또 기다리고 있다.

서울역 광장에서 외치게 될 그 순간을…….

스스로 갇힌 자

작년 봄에 있었던 일이다.

결혼한 딸이 둘째 아기 은서를 출산하기 위해 병원에 입원했다. 그래서 딸의 첫째 아기인 외손자 준서를 며칠 동안 돌봐 주기로 했다. 그렇게 첫날은 딸내미 집 살림살이 익히랴, 두 돌이 채 안 된 준서 돌보랴 정신이 없었다.

이윽고 둘째 날이 되었다. 준서 아침을 챙겨 먹이고는 어린이집 차에 태워 보냈다. 그런 후, 준서 옷을 세탁하기 위해 아기 전용 세탁기가 설치되어 있는 베란다에 나갔다. 3월의 아침 기온은 제법 서늘하여 나도 모르게 거실로 연결된 이중창을 모두 닫았다.

그런데…… 이게 웬일인가! 방범창이어서 밖에서 문을 닫으면 절대 안으로 들어올 수 없는 구조로 되어 있는 문이었다. 언젠가 딸내미도 무의식적으로 문을 닫아 베란다에 갇힌 적이 있었다는 이야기를 듣고 소스라치게 놀란 적이 있었다. 그런데 내가 문을 닫은 것이었다. 문을 닫는 순간 '아차' 싶었다.

그러나 때는 이미 늦었다. 휴대전화도 갖고 있지 않았기에 눈앞이 깜깜해졌다. 발을 동동 구르면서 갇혀 있는 내 자신이 참담했다. 말로 다 형언할 수 없는 절망이 나를 휘감고 있었다.

"주님, 저 어떡하나요? 저 갇혔어요. 저 좀 도와주세요. 이곳에서 나갈 수 있도록 도울 사람을 보내 주세요."

나의 기도는 간절하였다.

갇힌 베란다에서 수많은 생각이 스치고 있었다. 엘리베이터 안에 갇힌 사람, 공사 현장에 매몰되어 갇힌 사람들, 지진으로 인해 땅속에 갇힌 사람들……. 이외에도 자신의 과거 인생에 갇힌 사람들, 절망의 감옥에 갇혀 있는 사람들……. 누군가의 도움 없이는 스스로 빠져나올 수 없는 수많은 사람들이 떠올랐다.

3층 베란다에서 아래를 뚫어지게 쳐다보며 사람이 지나가길 간절히 원했다. 그렇게 얼마나 지났을까. 말쑥한 양복 차림의 청년이 지나가고 있었다. 나는 마치 구세주를 만난 것처럼 큰 소리로 소리쳤다.

"저기요. 저 좀 도와주세요. 제가 방범창문을 닫아서 집안으로 들어갈 수가 없는데, 제가 비밀번호를 가르쳐 드릴 테니 이곳으로 와 주세요. ○○호입니다."

다급한 나의 목소리에 사태의 심각성을 감지한 청년은 나를 올려다보면서 이렇게 말했다.

"아, 알겠습니다. 조금만 기다려 주세요."

"정말 감사합니다."

그런데 아무리 기다려도 청년은 오지 않았다. 분명히 장소를 말했는데, 착각하고 다른 곳으로 간 것 같았다. 나는 그 청년이 나오기만 고대하고 있었다. 태어나서 처음 보는 청년을 학수고대하며 기다리긴 처음이었다. 그만 나도 모르게 피식 웃음이 나왔다. 약간의 여유가 생긴 것이다.

드디어 청년이 다른 동으로 갔다 나왔다. 베란다를 올려다보며 말했다.

"제가 잘못 들어갔어요."

"네, 그러셨군요. 그 동이 아니고 이쪽으로 오시면 됩니다."

이제 알았다는 표정으로 황급히 올라와 문을 열어 주었다. 사색이 된 나를 보고 청년은,

"큰일 나실 뻔했습니다."

"너무 감사합니다. 제가 딸내미 집에 손자 돌봐 주러 왔다가 무심코 방범창문을 닫아서 이런 황당한 일이 있었네요."

"아, 그러셨군요. 명함 드리고 가겠습니다. 출근하는 중이어서요."

"너무 고맙습니다. 이 은혜, 잊지 않겠습니다."

청년이 돌아간 후 놀란 가슴을 진정시킨 후 명함을 보니, 삼성자동차 영업사원 이었다.

마음이 진정된 후 딸내미에게 전화하여 자초지종을 이야기하니 깜짝 놀랐다.

"엄마, 갇혀 본 사람만이 그 심정 알아요. 거실에선 준서가 울고 있고, 지나가던 아주머니에게 도움을 청했는데 허리 아파서 계단을 올라올 수 없어서 안 된다고 했을 때, 얼마나 나락으로 떨어지는 심정이었는지……. 지금 생각해도 끔찍해요."

딸의 말을 듣는 순간 '스스로 갇힌 자의 참담함'이라는 목차가 불

현듯 떠올랐다.

이 사건을 경험한 후 '스스로 갇힌 자'를 되뇌며 깊은 생각 속으로 빠져들었다.

우리들의 육체가 갇힌 자체도 괴롭지만, 정신적으로 갇힌 사람을 향한 사랑이 솟구쳤다. 스스로 파 놓은 우물에 갇힌 사람들, 어찌할 수 없는 환경으로 인해 갇힌 사람들, 타인에 의해 갇힌 사람들…….

과거 나도 내가 파 놓은 우물에 갇혀서 오랜 세월 허우적거렸다. '열등의식'이라는 우물, '피해의식', '방어본능', '우울증', '자괴감'의 우물에서 도저히 빠져나오지 못하던 나를 옆지기가 '사랑의 사다리'를 놓아 주어 비로소 나올 수 있었다.

스스로는 나올 수 없는 감옥, 깊은 우물 속에 있는 사랑하는 이들을 향해서 '사랑의 사다리'를 놓아 어둠 속에서 헤매고 있는 이들을 속히 구출하고 싶다.

ps: 이 글은 이 순간도 깊은 우물 속에서 스스로 나오지 못하는 분들을 위해서 썼습니다. 저의 '손 내밈'의 글을 통해 속히 나오시길 간절히 기도합니다.

어느 노숙인의 죽음

10월 중순경, 1박 2일 강연 일정으로 서울에 상경하였다. 동선을 최대한 줄여 시간을 절약하기 위해 강연장 근처에 숙소를 정해 들어갔다. 캐리어를 끌고 들어가는 우리에게 인상이 좋은 여주인은 친절히 안내하였다.

숙소엔 침대와 가구들이 정갈하게 비치되어 있었다. 잠자리가 바뀌면 숙면을 취하지 못하는 아내를 위해 에너지 · 수맥 전문가인 남편은 L-로드로 수맥을 측정했고, 그 결과 다행히 수맥이 한 가닥도 검측되지 않았다. 그날 밤 우리들은 꿀잠을 자고 일어났다. 마음도 몸도 날아갈 듯 가벼웠다.

숙면을 취하게 해 준 여주인에게 작은 선물을 하고 싶었다. 생각 끝에 남편 책을 선물하니, 반색을 하며 고마워했다. 주차장에 와서 차를 타려는 순간 "잠깐만요!" 하는 소리가 들려 뒤를 돌아보니 여주인이 다급하게 다가왔다. 사인을 부탁하고 에너지 · 수맥 파장에 대해 상세히 질문을 하였다. 그렇게 긴 대화가 이어지며, 그 여인이 몇 달 전 경험한 이야기를 술술 풀어놓았다. 이야기의 내용은 이러했다.

냄새가 많이 나고 행색이 초라한 노숙인 이 숙박을 하러 들어왔다. 인정 많은 주인은 방을 내주었다. 키가 대략 180㎝였고, 얼굴은 이목구비가 뚜렷한 미남형이었다. 그 남자는 자신에게 친절히 대해 주는 주인에게 말했다.

"아주머니, 제가 배가 너무 고파요. 식당에 가도 냄새난다고 음식을 안 팔고 내쫓아서 며칠째 밥을 한 끼니도 못 먹었어요. 제가 사람에게 철저히 배신당해 수백억 재산을 다 날리고 가족들에게도 버림받고 이렇게 되었어요. 아주머니, 뭐 먹을 거 없나요?"

그렁그렁 눈물이 가득한 눈망울로 애원하듯 말을 하는 그 남자의 눈에서 곧 눈물이 왈칵 쏟아졌다.

주인은 마음이 아파서 그다음 날 시장에 가서 식재료를 잔뜩 사 갖고 온 후 흰밥, 소고기국, 야채, 생선으로 정성껏 요리하여 쟁반에 받쳐 그 남자에게 갖다 주었다. 그러자 그 남자는 생각지도 않은 선심에 눈물을 뚝뚝 흘리며 고마워하였다. 다음 날 아침 복도에 내어놓은 쟁반을 보고 눈물이 핑 돌았다. 수북이 담아 있던 음식들이 하나도 남김없이 싹 비워져 있었던 것이다.

"세상에~ 얼마나 배가 고팠으면……."

그날 저녁 무렵, 그 남자는 1층에 내려와 "너무 잘 먹었습니다. 이 은혜 잊지 않겠습니다." 하고 정중하게 인사를 했다. 그러면서 죽고 싶다는 말을 연신 했다. 괜히 내뱉은 말은 아닐 거라는 예감에 주인은 불안하여 그의 방문 앞에서 동태를 살폈다고 한다. 인기척을 확인하고 내려가고, 종종 빵과 우유를 사다 주었다.

그런데 며칠 후, 방문을 두드려도 반응이 없자 비상키로 문을 열고 들어간 주인은 소스라치게 놀랐다. 화장대 위에 신분증과 돈 18만 원(방세)을 가지런히 놓고 침대 난간 뒤에서 주검으로 엎어져 있었던 것이다. 삶과 죽음 사이에서 얼마나 몸부림쳤는지, 침대 난간을 붙잡은 흔적이 역력했다. 주인은 그길로 경찰에 신고했고, 사인은 자연사로 판명되었다.

시신이 나간 후에 이상하리만큼 무섭지가 않았다고 한다. 그리고 시신이 있던 그 자리에 살아생전 좋아하던 소주를 부으면서 이렇게 말했다고 한다.

"좋은 데 가세요. 고생 많으셨어요. 제가 해 드린 음식이 이 세상에서 마지막 식사였네요."

여기까지 이야기한 여주인은 놀라운 이야기를 덧붙였다. 그런 일이 있은 후에 주변 숙박업소들이 파리 날리고 있을 때, 이 주인 숙박업소에 사람들이 벌떼처럼 몰려와 큰 호황을 누렸다는 것이었다. 이 세상에서 마지막 식사를 하고 간 그 남자가 죽어서까지 도와준 거라고 말했다.

우리 부부는 눈물을 흘리며 이야기를 경청했다. 1984년 9월, 서울 대홍수로 인해 비닐하우스 움막을 잃고 잠시 노숙 생활을 해 본 필자는 노숙인분들에 대한 애정이 있어 13년째 강연을 하고 있다. 열강이 끝나면 몇몇 분들이 내 품에 와락 안겼다. 예전에도 그런 일이 여러 번 있었기에 놀라지 않고 엄마가 사랑하는 자식을 품에 안듯 정성껏 안아 주곤 한다. 하나님 말씀인 성경에는 이렇게 쓰여 있다.

"우는 자와 함께 울고, 웃는 자와 함께 웃어라."

"어린아이에게 냉수 한 그릇 대접한 것도 결단코 잊지 않겠다."

다사다난했던 한 해가 저물어 가고 있다. 소외된 이웃들에게 사랑의 손길을 내미는 우리 모두가 되길 바란다. 왜냐하면 우리 곁의 소외된 이웃은 곧 나 자신이기에…….

ps: 필자는 이 원고를 쓰는 동안 쓸쓸히 죽어 간 노숙인을 생각하면서 안타까운 마음에 눈물을 흘리며 집필했습니다.

울고 있는 그대에게

"이 글은 울고 있는 모든 분들에게 바칩니다."

울고 있는 그대여!

그대가 통곡하며 울부짖는 목소리는 나의 심장을 녹아내리게 했어요. 당장이라도 그대에게 달려가 안아 주고 싶었어요. 그대의 눈물은 단순히 떨어지는 물방울이 아니라, 그대의 상처조각들이 신음소리를 내며 떨어지는 것임을 알 수 있었어요.

사랑하는 그대여!

사람으로서 감내하기 힘든 치욕과 수치를 어떻게 견디셨나요? 오랫동안 참고 견딘 당신에게 진심으로 존경의 마음이 들었어요. 사람이 이 세상에 태어나 각기 다른 형태와 색깔의 고통을 겪으면서 사는 삶이지만, 그대의 아픔은 온전히 나의 아픔이 되어 우리들은 함께 울었지요. 과거, 비참했던 순간이 떠올라 그대와 공감대가 형성되어 우리는 뜨거운 눈물을 흘렸지요.

울고 있는 그대여!

그대의 아픔은 나의 아픔이고 그대의 눈물은 나의 눈물이지요. 저는 긴긴 세월 동안 희망보다는 절망이 가깝게 느껴졌고 칠흑같이 긴 터널은 출구 없는 동굴 속 같았어요. 지독한 가난과 가까웠던 사람의 배신, 세상물정에 어두워서 여러 번 당한 사기, 그리고 치열한 생존 전쟁에서의 갈등은 또 다른 종류의 고통이었어요. 삶이 너무 힘들어 스스로 목숨을 끊고 싶었던 순간도 참 많았답니다. 그러나 저는 한 아기의 엄마였고, 가장이라 살아야만 했어요. 눈망울이 초롱초롱한 아기를 지켜 내는 일은 엄마인 저의 책임이었어요.

백일도 채 안 된 아기를 업고 허름한 옷차림의 저는 구두닦이를 시작했어요. 그러던 어느 날, 구두를 잘못 닦았다는 이유로 모욕을 당하던 날 밤, 이를 악물고 일기장에 살아가는 이유를 작성했어요. 그것은 일종의 살아나기 위한 처절한 몸부림이었어요. 그날 밤, 일기장에 써 놓은 꿈인 '명강사', '작가'의 꿈은 저의 '존재의 이유'가 되었어요.

사랑하는 그대여!

'꿈'이라는 멋진 아이를 제 마음속에 품기 시작한 날부터 신기한 일이 일어나기 시작했어요. 구두를 수거해 오면서도 입가에 미소가 조금씩 피어오르기 시작했고 '희망'이라는 '인류의 양식'이 저와 동고동락을 시작했어요. 식당 주방에서 얼룩진 고기불판을 닦으면서도, 장어구이 집에서 장어를 구우면서도, 길거리에서 과일을 팔면서도, 기사식당에서 산더미 같은 그릇을 닦으면서도, 보험회사 설계사로 일을 하면서도 꿈이 있었기에 견딜 수 있었어요.

물론 매일 꿈을 마음에 품은 것은 아니었어요. 현실이 너무 버거워 꿈을 포기한 적도 참 많았어요. 그러나 꿈이라는 멋진 아이는 포기하지 않는 한 제 곁에서 떠나지 않고 긴긴 과정을 거쳐서 마침내 소중한 꿈을 성취하게 해 주었어요.

울고 있는 그대여!
소중한 그대에게 세 가지만 간곡히 부탁할게요.

첫 번째 부탁은요.
이 글을 읽는 순간부터 '원초적 감사'를 하세요. 먼저 현재 있는 것에 주목하여 감사하세요. 사람들은 대부분 나에게 없는 것에 집중하여 불평, 불만, 원망을 하지요.

저도 수십 년 전에는 "아휴, 짜증나!" 이런 말을 입에 달고 살았어요. 그러나 짜증의 말을 하면 할수록 삶은 더 피폐해져 갔어요. 그러던 어느 날, 제 자신의 문제점을 보게 되었어요. 주변을 돌아보니 감사할 제목이 많았어요.

1. 지금 현재까지 살아 숨 쉬고 있음에 감사합니다.
2. 먹고 잠자고 휴식할 수 있는 거처가 있음에 감사합니다.
3. 스스로 걷고 아름다운 자연을 볼 수 있는 시력을 주셔서 감사합니다.

4. 건강한 정신과 육체를 주셔서 감사합니다.

5. 소외된 이웃을 사랑하는 마음을 주셔서 감사합니다.

이렇게 감사하기 시작하니 신기하게도 내 안의 짜증, 불평은 사라지게 되었어요. 감사할 수 없는 상황에서도 감사할 제목을 찾아내어 감사했어요. 감사의 힘은 놀라웠어요. 감사할 일이 계속해서 생기자 마음이 편안해졌고, 하는 일도 잘되었어요.

두 번째 부탁은, 꿈의 목록을 점검하시기 바랍니다.

오늘의 제가 있게 된 것은 꿈, 즉 '존재의 이유'가 있기에 가능했어요. 좌절하고 낙심될 때마다 다시 일어서게 한 것은 꿈의 목록이었어요. 저는 지금도 수시로 꿈의 목록을 살피고 재정비하며 또 다른 꿈을 성취하기 위해 에너지를 쏟고 있습니다.

세 번째 부탁은, 모든 일에 인내하십시오.

저는 이 말을 좋아합니다.

"성공한 자의 과거는 비참할수록 아름답다."

요즈음 사람들은 너무나도 조급합니다. 물론 한국인의 '빨리빨리' 기질로 인해 빠른 시간 안에 괄목할 만한 경제 성장을 이루었습니다. 그러나 인생을 살아가면서 참고 인내해야 할 순간들이 참 많음을 필자는 절감하며 살아왔습니다. '인내는 쓰나 그 열매는 달다.'고 하였습니다. 그러나 사람들은 조급증 때문에 밭에 씨를 파종하고 바로 열매가 맺히길 바라고 있습니다.

많은 사람들은 저를 부러워합니다. 강사, 작가로서 행복한 인생을 살고, 고액의 강연료를 받고 전국을 일주하는 저를 부러워합니다. 지난달에는 제주대학교에서 강연이 있어서 남편과 제주도 여행을 다녀왔어요. 평소 가깝게 지내던 지인들이 그런 저를 향해 이렇게 말했어요.

“사람들은 대부분 자기 돈 들여서 제주도 여행 가는데, 원장님은 돈 벌어 가며 여행 가시네요. 너무 부러워요.”

이 말을 듣고 저는 이런 생각을 했어요. 과거 노숙인 생활을 하고, 구두닦이 일을 하고, 길거리에서 과일을 판매하던 나를 부러워하는 사람이 있을까? 시련의 씨앗을 뿌린 결과가 현재 나의 모습인데…….

울고 있는 그대여!

오늘은 온종일 장대비가 거세게 내렸어요. 마치 하늘에서 물폭탄이 투하되듯 쏟아부었어요. 서재에서 원고를 집필하다 창밖을 본 순간, 이것은 빗물이 아닌 그대의 폭풍 눈물임을 알게 되었어요.

울고 있는 그대여!

다시 일어나기로 해요. 제가 그대의 손을 잡아 드릴게요. 자, 이제 눈물을 닦고 제가 내미는 손을 잡으세요. 그래도 그대를 온 마음으로 사랑하고 응원하는, 제가 그대 곁에 있으니 힘이 나잖아요.

그대여!

단 한 번뿐인 인생, 운명이라는 녀석에게 지지 말고 멋진 삶을 영위하기로 해요. 그대를 온 마음으로 사랑합니다.

3.

사랑만이 우리를 살게 해

'가족'이 만드는 기적

다사다난했던 한해가 가고 새해가 시작된 지 엊그제 같은데, 벌써 설날이 다가오고 있다.

우리나라 고유의 명절인 설날이 오면, 민족 대이동이 시작된다. 올해도 어김없이 많은 사람들이 고향을 찾아 행복한 여행을 시작할 것이다. 차 안에서 긴 시간을 보내지만 가족을 만나러 간다는 기쁨에 전혀 피곤하지가 않다. 그 모습을 지켜보면서 필자는 '가족의 힘'의 위대함을 생각해 보았다.

경제가 발전하고 사회가 복잡해지면서 가정이 해체되고, 서로 지켜 주고 믿어 줘야 할 가족들이 남들보다 못한 모습을 지켜보면서 가슴이 먹먹해질 때가 한두 번이 아니다. 뉴스에서 연일 보도되는 사건 사고들이 가정 내에서 일어나고 있어 경악을 금치 못할 때가 많다.

어느 날 가슴 아픈 뉴스를 시청한 후, 문득 필자의 부모님 생각이 났다.

축산업을 하시던 부모님은 계속되는 사업 실패로 급기야 야반도주를 결심했다. 갚을 능력이 안 되어 이자만 상환하다 보니, 원금보다 이자가 눈덩이처럼 불어나 더 이상 버틸 수가 없었다. 돼지, 닭, 집안 살림살이를 모두 남겨 놓고 채무자들에게 일일이 편지를 써 놓으셨다. 반드시 갚을 테니 기다려 달라는 가슴 절절한 부탁과 함께.

많은 사람들의 마음이 들떠 있는 크리스마스 날 밤, 간단히 옷가지만 챙겨 갖고 서울에 도착하니 단돈 2만 원이 남아 있었다. 야심한 밤에 친척집에 찾아가니, 친척분들이 아연실색을 하였다. 그 다음 날부터 닥치는 대로 일을 하셨다. 막노동, 과일장사, 식당주방일, 양말장사를 하시면서 두 아들을 가르치셨다.

결혼한 나는 친정집이 야반도주했다는 소식을 듣고 대성통곡을 했다. 그 후, 서울 사당동에 허름한 판자촌을 얻으셔서 생활하셨다.

친정을 다녀올 때마다 돌아오는 차 안에서 펑펑 울었다. 판자촌 부엌 바닥에서 밥상을 펴 놓고 공부하던 막내 남동생은 고려대학교 장학생으로 당당히 합격했다. 바로 아래 남동생은 외국어대학교 신문방송학과에 합격했다.

어느 날 친정에 갔는데, 부모님 얼굴이 몹시 어두웠다. 사연인즉 이러했다. 판자촌에 거주한 지 1년 넘은 사람들에게 철거 비용을 준다는데, 친정 가족은 1년이 훨씬 넘게 살고 계셨는데 빚쟁이들이 찾아올까 봐 친척집에 전입신고를 한 상태였다.

집으로 내려오면서 마음이 몹시 괴로웠다. 며칠을 고민 끝에 친정 가족의 사연을 구구절절 써서 청와대에 편지를 보냈다.

그로부터 수일이 지난 어느 날, 기쁜 소식이 왔다. 편지가 접수되었고 진솔하게 쓴 나의 편지로 인해 철거 비용을 받았다는 엄마의 전화였다. 1980년 중반 당시에 꽤 큰돈이었다. 그 돈이 불씨가 되어 더 나은 집을 얻었고, 남동생들은 과외를 하여, 돈을 벌면서 대학을 다녔다. 나는 부모님 집 전화를 놔 드리고(그 당시엔 귀했음) 살림살이를 사 드리고 동생들 용돈을 챙겨 주는 등 딸로서 최선을 다하였다.

부모님과 동생들이 한마음 되어 악착같이 돈을 번 결과, 가정은 안정되어 갔고 동생들은 대기업에 입사하였다. 동생들은 장가가기 전까지 부모님께 월급봉투를 전부 갖다 드렸고, 부모님은 알뜰하게 살림을 꾸려 가셨다.

온 가족이 오랜 기간 힘을 합친 결과, 남의 빚을 10원도 안 남기고 다 갚으셨다. 드디어 야반도주한 동네에 돈을 들고 가서 동네 사람들에게 빚을 다 갚던 날, 포기하고 체념했던 동네 사람들이 감격의 눈물을 흘렸다고 한다. 물론 부모님도 감개무량하여 많은 눈물을 흘리시면서 이젠 두 다리 쭉 펴고 잘 수 있다고 무척 기뻐하셨다고 한다.

더 놀라운 일은 사당동 판자촌에 사셨는데, 판자촌을 허물고 아파트가 세워졌는데 그 아파트를 사서 입주하셨다는 사실이다. 엄마는 항상 꿈을 꾸셨다고 한다.

"내가 반드시 저 아파트를 사고 말 테야."

그리고 엄마는 내가 힘들어 할 때마다 내 손을 꼭 잡고 이렇게 말씀하시곤 했다.

"힘내! 반드시 꿈은 이루어져. 엄마 봐봐. 꿈을 이루었잖아."

야반도주하여 단돈 2만 원으로 재기에 성공하여 두 아들 일류대학 가르치시고 그 많은 빚을 10원도 안 남기고 다 갚으신 부모님. 그리고 월급봉투를 모두 부모님께 갖다드린 기특하고 대견한 남동생들.

지금은 우리 삼남매가 이 사회에 선한 영향력을 끼치는 리더로서 살아가고 있다. 가족이 힘을 합치면 잘 살 수 있다는 것을 보여준 친정 식구들을 보면서, 이 시대 모든 가정의 가족들이 똘똘 뭉쳐서 기적을 만들어 가길 오늘도 간절히 기도한다.

글로벌 띨빵

수년 전, 옆지기를 따라 인터넷 카페모임에서 주최한 야유회에 참석하였다.

대둔산 초입부터 플래카드가 걸려 있고, 운동장엔 오색 깃발이 나부끼고 있었다. 운영진에 의하면 미국 · 일본 · 중국 등 해외와 전국에서 400명이 넘는 회원들이 참석했다고 한다. 이 말을 듣고 온라인상의 위력을 새삼 느낄 수 있었다.

입구에서 카페 친구들이 옆지기(남편 닉네임)를 보고 기다렸다는 듯이 반갑게 맞이해 주었다.

"야, 너 진짜 오랜만이네! 반갑다."

악수를 청하기도 하고 포옹도 해 주었다. 전혀 격의 없는 모습을 지켜보며, 이분들이 온라인 카페에서 만난 분들이 맞나 의아스러웠다. 오랫동안 동고동락한 초등생 동창모임 같아 보였다. 회비를 납부한 후 명찰을 받았는데, 옆지기가 잠시 고민하는 표정을 지었다.

"닉네임을 무어라 할까?"

"아무거나 해요"

나는 별생각 없이 말했다. 그런 후 무심코 다른 사람들 명찰을 보았다. 밀가루, 사고뭉치, 살 만한 인생, 자작나무, 뷰티, 티코, 하얀 복덩이, 들국화, 참낭구, 순호, 다미, 정임, 컨추리 등 자신들의 이름이 아닌 닉네임의 명찰을 패용하고 있었다.

"띨빵이 어떨까?"

옆지기가 빙그레 웃으며 말했다.

"싫어! 띨빵이 뭐야?"

옆지기는 잠시 고민하더니 명찰에 큰 글씨로 '띨빵'이라고 쓴 후 명찰을 내밀었다.

"이게 뭐야? 띨빵 싫다고 했잖아. 나 이거 싫어!"

나는 명찰을 집어던졌다.

"싫어, 싫다고! 다른 것으로 바꾸지 않으면 혼자 집에 갈 거야."

앙칼지게 말했다. 금방이라도 혼자 갈 태세였다. 옆지기는 웃으면서 부드러운 음성으로 설득하기 시작했다.

"여보, 진짜 띨빵은 자신 있게 띨빵이라고 안 해. 얼마나 귀엽고 정감이 가. 당신 닉네임으로 많은 사람들이 즐거워하면 기쁘잖아. 자, 명찰 목에 걸어 봐."

평소 유머와 장난기가 넘치는 옆지기이지만 '비회원인 내가 이렇게까지 해야 되나' 갈등하다가 '그래, 좋다. 까짓것 오늘 하루만 띨빵 되어 보자!' 하는 생각에 결심이 섰다.

"알았어, 명찰 줘 봐."

나는 명찰을 목에 걸었다. 그 후 '띨빵'이라고 적힌 명찰을 목에 걸고 게임도 하고 줄다리기도 하며 즐거운 시간을 보냈다. 그런 와중에 사람들이 나의 명찰을 한번 쳐다본 후, 연이어 내 얼굴을 쳐다보고 고개를 갸우뚱거리며 실실 웃고 지나갔다.

점심을 맛있게 먹은 후, 운동장에서 게임하는 것을 혼자 지켜보고 있을 때였다. 갑자기 키가 큰 남자가 내 앞에 나타났다. 술을 많이 먹은 듯 게슴츠레하게 눈이 풀려 있었다. 나의 명찰을 뚫어지게 쳐다보더니, 혀가 꼬부라진 목소리로 이렇게 말했다.

"야, 넌 띨빵 같이 안 생겼는데 왜 닉이 '띨빵'이니? 야, 너 어디 사니?"

"대전 살아요."

"대전 어디 사니?"

"지족동 살아요."

"그러면 대전 가서 '띨빵, 나와라!' 하면, 너 나올 수 있니?"

나는 어이가 없었다. 당황스러워 하는 나의 표정에도 아랑곳없이 그는 계속 술 취한 목소리로 말했다.

"야, 띨빵! 너 근데 왜 계속 존댓말 하니? 동갑 모임이라 다들 반말 하는데, 너만 왜 존댓말 하니? 야, 이제부터 반말로 해! 그런데 띨빵 닉 누가 만들어 줬니? 볼수록 웃기네."

나는 시큰둥한 목소리로 말했다.

"남편이 만들어 줬어요."

"그래? 네 남편 되게 웃긴다. 네 남편이 누군데?"

나는 남편 닉네임을 말해 줬다. 그 순간, 눈이 휘둥그레지더니 정신이 번쩍 나는 듯했다.

"아이쿠, 너무 죄송합니다. 그럼 우리 동갑이 아니라 남편 따라 오신 건가요? 저는 당연히 동갑인 줄 알고 반말을 했는데, 오늘 제가 큰 실수를 했습니다. 띨빵처럼 안 생긴 분이 '띨빵'이라는 명찰을 달고 있어서 호기심이 발동했습니다."

"아니에요. 괜찮아요."

그 사람은 계속 굽신거리며 사과를 했다. 남편에게도 사과하겠다고 말을 한 후, 그는 내 시야에서 사라졌다. 나는 참고 있던 웃음이 툭 터져 나왔다. 평소 웃음 많은 나는 봇물 터지듯 웃음보를 터트렸다. 얼마나 웃었던지 배가 끊어질 듯 아파 왔다. 닉네임을 '띨빵'이라고 한 것이 잘했다는 생각이 들었다.

그 사건 이후, 옆지기가 카페에 들어갈 때면 미국 · 일본 · 중국 · 독일 · 프랑스 등 전 세계에 분포되어 있는 회원들이 옆지기에게 나의 안부를 묻곤 했다고 한다.

"띨빵은 잘 있느냐? 너 띨빵한테 잘해라."

그야말로 '띨빵'이라는 닉네임으로 인해 그 카페에서 유명인사(?)가 된 것이다.

돌이켜 생각해 보면, 나는 띨빵이 맞다.

바보처럼 살아온 인생과 사람들에게 속아서 여러 번 사기 당하고 정이 많아서 온 마음으로 보듬어 주다가 결국엔 배신을 당한 후에 눈물 흘리고…….

나는 참 띨빵처럼 살아왔다. 강연할 때 닉네임이 '띨빵'이라고 한 후에 “저 띨빵처럼 생겼지요?” 하면 여기저기서 폭소가 터진다.

나는 오늘도 부족함을 채우기 위해 부단히 공부하고, 소외된 이들을 가슴으로 사랑하고, 매일 변화와 성장을 거듭하여 이 시대 아름다운 향기를 내뿜는 띨빵으로 존재하고 싶다.

'남편'이라는 거울

이 세상에는 세 개의 거울이 있다. 첫 번째 거울은 '인경'이다. 사람들을 통해 나를 비 춰 주는 거울이다. 두 번째 거울은 '사경'이다. 역사를 통해 비춰 주는 거울이다. 세 번째 거울은 '동경'이다. 구리거울로 우리의 외모를 비춰 주는 유리 거울이다.

남편을 만나기 전, 나에게는 스스로를 객관적으로 볼 수 있는 거울이 없었다. 그러나 '남편'이라는 거울을 통해 여과장치 없이 나의 진면목을 보게 되었다. '인경'을 통해 내 자신이 그간 얼마나 상처로 가득 차 있었는지……. 남편은 상처로 가득 찬 나를 걱정스러운 눈빛으로 바라본 적이 한두 번이 아니었다.

어느 날이었다. 그날도 우리는 대화를 나누고 있었다. 대화 중 남편의 어떤 말을 나의 고정관념 틀에 남편을 가두어 버렸다. 남편은 이렇게 말했다.

"여보, 당신은 근본이 완전히 변화해야 해. 아직도 근본이 바뀌지 않아서 조금 전 그 말이 또 나온 거야."

평소 나만 보면 수시로 가르치려는 남편. 아내를 가르치기 위해 태어난 사람같이 느껴질 때가 한두 번이 아니었다. 그 말을 듣는 순간, 화가 머리끝까지 치밀었다.

"내가 많이 변화하고 있잖아. 나도 노력하고 있다고. 보면 몰라? 매일 변화, 성장하려고 애쓰는 거 안 보여? 남편하고 결혼했지, 선생이랑 결혼한 줄 알아? 이제부터 제발 참견하지 마!"

큰소리로 항변하듯 소리 지르고 도저히 함께 있을 수 없어서 현관문을 세차게 닫고 밖으로 나왔다. 너무 마음이 상했다. 시대에 뒤떨어지지 않으려고 늘 배우고 성장하려 노력하고, 타성과 무감각에 젖지 않으려 하고, 나의 고집을 버리려고 늘 자신을 돌아보는 내게 너무 심하다는 생각이 들면서 또다시 울화통이 치밀었다.

거리의 화려한 불빛들이 오늘따라 희미하게 느껴지고, 내 마음을 알아차린 것 같았다. 그런 와중에도 핸드폰은 계속해서 울려댔다. 남편에게서 오는 전화였다. '아무리 전화해 봐라, 내가 받나…….' 마음속으로 결심을 했다.

전화는 계속해서 애끓게 울리고 있었다. 성가시고 귀찮은 마음에 폰을 꺼 버렸다. 그리곤 목적지 없이 터벅터벅 걸었다. 갈 만한 장소가 딱히 떠오르지 않았다.

초라한 나의 모습을 그 누구에게도 보여 주고 싶지 않았다. 이런저런 생각을 하며 힘없이 걷고 있는데, 평소 남편이 내게 하던 말이 불현듯 생각났다.

"여보, 난 당신이 밤중에 외출하거나 차를 갖고 나가면 집에 올 때까지 가슴 졸이며 기다리고 있어. 마치 물가에 아기를 두고 온 느낌이야.”

밤에 지척에 있는 마트에 가는 것도 걱정하는 남편의 마음을 헤아린 나는 때로는 “제발 나를 어린애 취급하지 마!”라고 항변했지만, 다른 한편으로는 ‘보호막의 평안’을 누리고 있는 이중성에 스스로 괴리감을 느낀 적도 있었다.

시계를 보니, 집을 나온 지 벌써 2시간이 훌쩍 지나고 있었다. 봄의 밤공기가 약간은 서늘하게 느껴졌다. 이 시간도 가슴 졸이며 안절부절 못하고 기다리고 있을 생각을 하니 ‘내가 너무 예민하게 반응했나?’ 하는 생각이 고개를 내밀기 시작했다. 시간이 지나면서 그렇게 감정이 조금씩 희석되고 있었다.

‘이제 그만 집에 갈까?’ 싶다가도 ‘아니야, 혼자 생각할 시간을 충분히 줘야 해.’라는 생각에 고개를 절레절레 흔들었다. 그러나 또 다른 나는 ‘이제 그만하면 됐어.’라고 외치고 있었다. 내 안에서 소리 없는 갈등이 이어졌다. 그러나 어느새 나의 발걸음은 집으로 향하고 있었다.

집을 나갈 때의 당당함(?)은 사라지고 도둑고양이처럼 살며시 현관문을 열었다. 그 순간, 거실에 앉아 있던 남편은 용수철이 튀어 오르듯 재빠르게 다가와서 나를 힘껏 안았다. 마치 엄마가 잃어버린 자식을 품에 안은 모습이었다. 남편은 울먹이는 목소리로 말했다.

“여보, 고맙고, 미안해. 당신 나가자마자 뛰어 내려가 찾아다녔는데, 당신이 간 방향이 아니었나 봐. 아무리 찾아도 없어서 일단

포기하고 조금 전에 들어와서 기진맥진 상태로 앉아 있는 거야. 조금 쉬었다 다시 찾으러 나가려고 했는데, 생각한 것보다 일찍 와 줘서 너무 고마워. 그리고 내가 당신한테 욕심이 너무 많은 것에 대해 잘못했다고 기도했어. 울면서 찾으러 다녔어."

울면서 찾으러 다녔다는 말에 큰 감동을 받았다. 집에서 TV나 보고 있을 것이라는 내 예상이 보기 좋게 빗나갔고, 여기 기웃, 저기 기웃하며 눈물 흘리며 집 나간 아내를 찾아다니는 모습이 상상되면서 미안한 마음과 고마운 마음이 교차했다.

남편은 이어서 말했다.

"25년간 무시당하고 살아온 당신이기에 이젠 내 아내가 어디서든지 인정받고 사람답게 사는 것이 나의 간절한 바람이라 그랬어. 지금도 잘하고 있는데, 내가 너무 욕심을 냈어. 미안해, 여보."

울면서 찾으러 다녔다는 남편의 말을 들으니 언젠가 책에서 본 내용이 생각이 났다. 남 녀 사이에 더 사랑하는 사람이 더 많이 참아 주고 전화나 문자메시지를 더 많이 보낸다는 내용이었다. 이 사건 이후 우리 사이는 사랑이 더 깊어졌고, 서로를 더 이해하게 되었다.

오래전의 일이다. 비참한 삶을 간신히 이어 가고 있던 어느 날이었다.

집에 있으니 솟구치는 슬픔이 눈물의 강이 되어 흐르는 것 같아, 기분을 전환하려고 운동복 차림으로 공원에 나갔다. 그런데 다정해 보이는 중년 부부가 손을 꼭 잡고 산책을 하고 있는 게 아닌가. 내 눈은 어느새 여자의 얼굴을 쳐다보고 있었다. 매력이라고 찾아보기 힘들 정도의 얼굴 모습이었다. 나는 그 여자를 쏘아보면서 마음속으로 이렇게 되뇌었다.

'도대체 저년은 무슨 복이 많아서 저렇게 남편 사랑을 받고 사는 거야? 그런데 나는 왜 허구한 날 이 모양 이 꼴로 사는 거야. 내가 왜, 왜, 왜!'

그러다가 순간 정신을 차리고 '저년'이라는 저급한 표현에 소스라치게 놀랐다. 현재 내가 행복하면 '와, 진짜 보기 좋다. 부부의 다정한 모습이 아름답다.'라고 말했을 텐데, 그 당시 나는 간신히 생명을 연명하고 있었기에 타인의 행복을 축하할 마음의 여유가 전혀 없었다.

그러한 삶을 살던 내가 현재는 '지구촌에서 남편 복이 최고 많은 최일주'가 되었다. 긴 세월 '남편이라는 거울'을 통해 명확하게 나를 볼 수 있는 혜안이 생겼다. 나의 근본, 고집, 상처를 볼 수 있는 시야가 열리게 되었다.

지구촌에서 최고로 불행한 여자, 저주받은 여자라고 생각할 정도로 비참한 인생을 살아온 나는 남편의 헌신적인 사랑을 통해 상처가 거의 다 치료되었다. 이제 나는 나 혼자만 행복하게 사는 삶을 원하지 않는다. 그러기에 오늘도 희망을 잃고 있는 수많은 분들에게 희망과 용기를 드리기 위해 전국을 일주하며 열강을 하고 있다.

울면서 나의 강연을 경청한 분들을 일일이 안아 주고, 사인을 받기 위해 줄지어 기다리고 있는 분들에게 정성껏 사인을 해 주고 돌아오는 발걸음은 아주 가볍고 기쁘다.

오늘도 치열한 삶의 현장에서 힘겨워하는 분들을 위해 기쁜마음 갖고 강연장으로 발길을 옮긴다.

'남편'이라는 거울이 있음에 감사하면서…….

부족한 엄마가, 사랑하는 딸에게

사랑하는 딸아!

내일이 네가 세상에 태어난 날이네. 요번에 맞이하는 너의 생일은 더 큰 의미가 있구나.

지금으로부터 32년 전인 1984년 8월 13일, 오후 2시경부터 배가 살살 아파 왔어. 8월의 태양은 비닐하우스 움막을 다 태울 듯 뜨거웠단다. 시간이 갈수록 진통은 더 거세지고 있었어. 그러나 가난한 형편이라, 차마 병원에 갈 엄두는 내지 못하고 집에서 출산 할 생각이었지. 옆에서 지켜보던 할머니는 어찌할 바를 모르고 안절부절못하셨어. 밤새 하늘이 노래지는 진통에 한숨도 못 잤어.

급기야 8월 14일 오전 7시경 조산소에 도착했어. 분만실에서의 진통은 뼈를 깎는 듯한 진통으로 견딜 수가 없었어. 저절로 신음소리가 나왔어. 그런데 엄마를 돌보던 간호사가 이렇게 말하더구나.

"어머니, 어머니도 아기 낳느라 힘드시지만 아기는 더 힘들어요. 어머니 만나러 '산도'를 통과하여 오고 있는 아기 생각하고 조금만 더 힘주세요."

아기가 더 힘들다는 말에 엄마는 어디서 그런 힘이 나왔는지 있는 힘을 다했단다. 사실 그 당시 어려운 형편 때문에 제대로 못 먹어서 깡마른 몸에다, 밤새 아무것도 못 먹어 탈진 직전이었어. 임부복도 얻어 입은 것인데, 그나마도 나일론이라 더 더웠어. 임신하면 더 더운 것을, 너도 두 번이나 경험해서 알지?

드디어 오전 9시경 우렁찬 울음소리를 내며 네가 태어났단다. 경이로운 순간이었어. 태어나자마자 무언가 먹으려고 입을 오물거리는 네가 신기했어. 2.6kg으로 태어난 너는 모유만 먹고 자랐어. 어려운 환경이었으나 별 탈 없이 무럭무럭 잘 성장했단다.

초롱초롱하고 커다란 눈을 지닌 너는 참 예뻤어. 네가 엄마 곁에 없었다면, 아마 극단적인 선택을 했어도 놀라지 않을 정도로 힘든 시간들이었어. 그러나 활달하고 장난 기 많은 너는 항상 큰 애들과 잘 놀았어. 얼굴은 예쁜 여자애였는데, 꼭 사내아이처럼 놀 곤 했지.

어려운 환경 속에서도 잘 성장하고 결혼하여 두 아기의 엄마가 된 네가 대견해. 준서, 은서 둘 다 너무 예뻐. 준서가 태어나던 날은 마치 엄마가 아기 낳는 것 같았어. 은서도 마찬가지였어. 딸이 낳은 아기가 이쁘다는 말을 실감하고 있단다.

사랑하는 딸아, 두 아이들 키우면서 명심해야 할 부분 몇 가지만 부탁할게.

1. 준서, 은서에게 사랑을 듬뿍 주되 책임감도 길러 주고, 화났을 때 아이들에게 가감 없이 감정을 표출하지 말아라.

2. 부부가 서로 존중하고, 사랑하는 모습을 자주 보여 줌으로써 아이들이 안정 속에서 성장하도록 하여라.
3. 아이들의 눈높이에서 이해하여 엄마, 아빠가 내 편이며 이 세상에서 가장 큰 버팀목임을 느끼도록 양육하여라.
4. 많이 안아 주고 사랑 표현을 자주하며 아이들의 마음(감성)을 만져 주어라.
5. 아이들에게 잘못했을 땐 즉시 사과하여, 어른도 완벽하지 않음을 은연중에 알게 하여라.

너도 엄마 닮아서 모성애가 강해 잘 양육하고 있지만, 몇 가지만 당부했어. 해맑은 준서, 은서의 웃음과 행복을 지켜 주기 위해 지혜로운 엄마가 되길 늘 기도하고 있단다. 내일 생일 축하하며, 시간 될 때 준서, 은서 보러 갈게. 항상 손주들이 눈앞에서 아른거려. 사랑해, 딸아!

부족했던 엄마가

우리가 함께 하는 일상

남편이 일하다가 휴식시간에 전화가 왔다.

"여보, 나 일하기가 싫어. 지치고 힘드네. 왜 이러지?"

"어머나, 그래요? 똘주(남편이 지어 준 별명)가 저녁에 집에 없어서 그렇군요."

"그런가 봐. 일하기 싫지 않았는데……. 오늘은 집에 일찍 왔으면 좋겠어."

"알았어요. 황기 넣고 맛있게 닭백숙 끓여 놓을게요. 힘내세요."

꼭 아기가 엄마에게 응석부리는 것 같았다. 전화를 끊고 '왜 그러지, 더위에 지쳤나?' 곰곰이 생각해 보았다. 그러나 잠시 후 이유를 알게 된 후, 피식 웃음이 나왔다.

열심히 원고를 쓴 후 일찍 집에 와서 시장에 갔다. 닭과 포도, 반찬거리를 샀다. 남편 퇴근 전에 집에 가려고 빠른 걸음으로 걸었다. 이제 찹쌀만 사면 끝이었다.

쌀가게 앞에서 주인을 부르고 있는데, 누군가 내 몸을 만졌다. 깜짝 놀라 돌아보니 남편이 웃고 있었다. 생각지도 못한 출연에 반색했다.

"어머, 웬일이에요? 연락도 없이?"

"샤워하며 생각하니, 걱정하며 기다리지 말고 내가 가 보자 하고 왔어."

장을 보고 있는데 전화가 왔었다. 올 때가 지났는데 안 와서 걱정되어 마중 나왔다고.

"당신, 놀라지 않았어?"

장난기 어린 표정으로 말했다.

"그나마 두 번째라 덜 놀랬지. 처음엔 정말이지 얼마나 놀랐다고!"

언젠가 혼자 장을 보러 왔을 때에도 예고 없이 나를 놀라게 해 당황한 적이 있었다. 요번에도 시장에 오리라고 생각도 못했는데……. 우리는 기뻐하며 손을 맞잡고 집에 왔다.

압력밥솥에 닭, 황기, 마늘, 감자, 찹쌀을 넣고 백숙을 했다. 뜨끈한 김이 모락모락 나는 백숙을 앞에 두고 저녁을 먹으며 대화를 했다.

"여보, 퇴근하고 집에 와 보니 당신이 없으니 안정이 안 되었어. 이틀째 되는 날은 '어, 아내가 왜 없지? 어디 갔지? 아, 책 쓰러 갔지.' 그때서야 생각했어. 일을 하는데도 힘이 안 나고 하기 싫어서 왜 그런가 생각해 보니, 당신이 집에 없어서였어."

"여보, 정말 고마워요. 이렇게 부족한 사람을 온 마음으로 사랑해 줘서 참 고마워요. 집으로 오면서 감사 기도를 드렸어요. 이렇게 순수하고 정이 많은 분이 똘주 남편인 것 에 대해……. 이런 당신을 예전에 발로 많이 차서 미안해요."

남편은 호탕하게 웃었다. 아내가 집에 일찍 온다는 말을 들은 순간부터 힘이 나기 시작했다 한다. 누군가 한 말이 생각났다. 남자는 사랑하는 여자를 위해서라면 자신의 목숨도 아까워하지 않는다는…….

옥수수를 먹으면서 남편에게 말했다.

"여보, 이 세상 부부들이 우리처럼 살면 좋을 텐데……."

"그렇지. 부부가 서로 최선을 다해 사랑하고 살면 어떤 시련과 역경도 헤쳐나갈 수 있지."

나를 향해 따듯한 미소를 보낸 남편은 이어서 말했다.

"사실은 여보, 온종일 책 쓰고 집에 와서 남편 저녁 챙기고, 끝도 없는 집안일을 하고……. 여자라는 위치가 참 가엾다는 생각이 들어서 시장에 왔어."

"고마워요. 그래도 일부 남자들은 집안일은 일로 치지도 않는데, 당신은 아내의 수고를 알아줘서 그것만으로도 힘이 돼요."

"집안일은 안 하면 표시 나고, 한 것은 표시가 안 나서……. 난 너무 잘 알지. 한국 음식이 손이 많이 가고……."

설거지하는 내 옆에 와서 수고한다고 어깨를 어루만지기도 했다.

설거지하는 내내 '부부란 무엇일까?'를 생각했다.

자녀들이 성장하여 짝을 찾아 떠나고 부부만 동그마니 남는데, 둘이 어떻게 살아야 잘 살았다고 할까?

그렇게 무더위 속 여름밤이 깊어 가고 있었다.

부부 잠언

한 몸 된 부부는 그리스도와 교회의 상징이요.
범사에 그리스도를 머리 삼음은 부부간의 영광이라.

한마음으로 기도하며
함께 주의 말씀을 읽음은 매일의 필요이며
아내의 순종과 남편의 사랑은 모든 생활의 원칙이라.

피차 존경하며 서로 체휼함은 사랑의 표현이요.
서로의 가족을 경애함은 축복받을 자세요.
감사와 사과는 항상 해야 할 말이라.
가깝다 하여 예의를 잃음은 화목을 잃음의 시작이요.
첫 번째로 화목을 잃으면 사탄에게 문을 열어 줌이라.

상대의 단점을 남에게 말함은
사탄에게 역사할 기회를 줌이요.

상대의 단점을 따지며 자신의 장점을 생각함은
사탄의 제의를 받음이라.

자신이 상대의 십자가가 되게 하지 말고
상대가 자신의 십자가임을 앎이 승리의 비결이라.

우리 집 거실에 걸려 있는 액자 속 부부 잠언이다.

하나님께서 기뻐하는 부부가 되기 위해 오늘도 이 글을 가슴으로 읽었다.

사랑이 변화시킨 인생

늦둥이 아들이 중학교 2학년 때의 일이다.

친구들을 좋아하는 아들은 거의 매일 아이들을 집에 데리고 왔다. 아들은 냉장고에서 맛있는 것을 꺼내어 친구들을 대접했다. 우리 부부 역시 사람을 좋아해 매일 와서 함께 공부하고 잠자고 노는 아이들을 향해서 얼굴 한번 찡그리지 않고 한결같이 웃으며 대했다. 53평 우리 집 아파트는 항상 북적거렸다.

그러던 어느 날, 키가 작고 얼굴이 몹시 어두운 민이를 데리고 왔다. 아들이 어두운 표정으로 우리 방으로 들어왔다.

"저…… 엄마, 아빠, 드릴 말씀이 있어요."

아들 표정은 사뭇 진지하였다.

"무슨 일 있니? 편하게 말해 봐."

"오늘 저랑 같이 온 민이, 우리 집에서 당분간 저와 함께 생활하면 안 될까요?

"왜? 집안 형편이 어렵니?"

"그게 아니고요, 민이 집이 아파트 5층인데 집에만 가면 뛰어내리고 싶은 자살 충동이 자꾸만 생긴대요."

아들의 이야기를 듣고 우리 부부는 소스라치게 놀랐다. 평소에 사람의 생명을 가장 소중하게 생각하며 생명 살리는 일에 큰 관심을 갖고 있었기에 더 큰 충격을 받았다.

"어머나, 세상에…… 무슨 이유 때문이니?"

아들 이야기는 이러했다.

민이 아빠가 허구한 날 엄마를 폭행하고 매일 술고래가 되어 집안을 아수라장 만들더니, 며칠 전에는 집안에 불을 지른다고 난리치는 것을 간신히 말렸다고 한다.

우리 부부는 더 생각할 필요도 없었다. 오늘부터 우리 집에 있으라고 흔쾌히 허락하였다. 그렇게 민이는 우리 집에 오게 되었다.

그로부터 며칠 후, 민이 엄마가 찾아왔다. 키도 크고 이목구비가 뚜렷한 서구형 미인이었다. 이 여인이 폭행을 당하고 살고 있다는 것이 도무지 믿기지 않았다. 민이 아빠가 힘들게 해서 아이를 데려가지 못한다고 연신 고개를 숙이며 죄송해했다. 우리 부부는 괜찮다고 안심시키며, 친아들처럼 잘 데리고 있겠다고 말했다. 남편은 아들 하나 더 생겨서 기쁘다고 웃으며 말했다.

나는 민이가 좋아하는 반찬을 만들어 주고 손 편지를 자주 써서 사랑한다고 표현했고, 민이의 고민을 들어 주었다. 한 가족이 더 생기면서 일은 더 많아졌다. 하루에 3번 샤워하는 민이 빨랫감도 늘어났고, 정성껏 만든 반찬들도 금방 동이 났다. 그러나 우리 부부는 하루가 다르게 밝은 얼굴로 변해 가는 민이의 모습에 보람을 느끼고 있었다.

그러던 어느 날, 민이가 울면서 집에 들어왔다. 내일부터 학교에 안 가고 자퇴를 한다는 것이었다. 이유는 이러했다.

그날 오전, 민이 아빠가 학교를 찾아왔다. 술이 만취가 된 상태에서 중학교 2학년 아들에게 '맞장' 뜨러 왔다고 고래고래 소리를 지르고 난리를 부린 모양이었다.

"아저씨, 아줌마, 이 세상에 중2 아들과 맞장 뜨자고 찾아온 아빠가 있나요? 이게 말이 되나요?"

민이는 울면서 소리쳤다. 아이들이 이 장면을 다 지켜봤다며, 도저히 창피하여 학교에 못 가겠다고 등교 거부 선언을 하였다.

민이의 말에 우리 부부는 할 말을 잃었다. 이러지도 저러지도 못하고 가슴만 태우고 있었다. 아들에게 맞장 뜨자고 학교까지 찾아온 민이 아빠를, 우리 상식으론 도저히 이해할 수가 없었다. 민이 마음을 충분히 헤아릴 수 있었기에 막무가내로 학교에 가라고 다그칠 수 없었다.

그날 밤, 우리 부부는 민이 문제로 고민이 되어 잠을 이룰 수 없었다. 그간 우리 집에 와서 잘하고 있었는데, 등교를 거부하고 있으니 난감했다.

다음 날 이른 아침, 식사 준비를 하러 주방으로 나갔다. 그런데 거실에서 민이가 책을 읽고 있는 게 아닌가? 나는 깜짝 놀랐다. 이른 아침에 일어난 것도 신기했고, 책을 읽고 있는 모습도 놀라운 장면이었다.

"어머나, 민아! 일찍 일어났네? 마음이 힘들어 잠 못 잤니?"

민이는 나의 질문에 대답 대신 울먹거리며 내 손을 꼭 잡았다.

"아줌마, 진심으로 존경해요."

"민아, 그게 갑자기 무슨 말이니? 왜 우는 거야? 혹시 어젯밤 또 무슨 일이 있었니?"

"저요, 평소에 책을 안 좋아하는데요. 어젯밤 잠이 안 와서 거실에 나왔는데, 아줌마 책이 눈에 들어왔어요. 책 제목도 끌리고, 책 표지에 환하게 웃으시는 아줌마 모습에 호기심이 생겨 읽기 시작했어요. 그런데 도저히 책을 놓을 수 없었어요. 책을 읽는데 눈물이 저절로 나왔어요. 그리고 절반 이상 읽으면서 이런 마음이 들었어요. '아줌마 살아오신 것에 비하면 현재 내 고통은 아무것도 아니구나.' 그래서 결심이 섰어요. 내일 학교에 가자고요."

밤새 민이 걱정으로 잠을 설쳤던 나는 고민이 해결되자 뛸 듯이 기뻤다.

"그래, 민아. 정말 잘 생각했다."

"예전에 아저씨와 내가 이야기했지? 아빠 때문에 너의 인생길에 영향받지 말고, 오점을 남기지 말라고. 네가 원하는 인생을 꿈꾸며 힘차게 나아가라고. 너희 아빠 인생은 네가 관여할 수 없으니, 너는 분명한 꿈을 설정하여 너의 길을 걸어가야 한다고. 민아, 진짜 고맙다. 네가 학교 안 간다고 해서 어젯밤 우리도 잠을 설쳤어."

나는 민이를 꼭 안아 주었다. 그날 민이는 아침을 먹고 밝은 표정으로 등교했다. 그날 이후, 민이는 예전보다 더 멋지게 변화하기 시작했다. 우리 부부의 조언대로 자신의 꿈을 찾기 시작한 것이다.

울면서 쓴 나의 책이 민이에게도 선한 영향력을 끼친 것이 놀랍고 감사했다. 한 권의 책이 한 사람의 운명을 결정하는 데 일조를 했다는 사실에 보람을 느꼈다.

민이는 틈만 나면 이런 말을 했다. 지금까지 살아오면서 이렇게 행복했던 시간은 처음이라고……. 우리 집에서 하루하루가 꿈같은 시간이라며 참 행복해했다.

이 말을 들을 때마다 우리 부부는 가슴이 저려 왔다. 한참 보호받고 사랑받아야 할 아이 입에서 이런 말이 나오다니, 그동안 얼마나 힘이 들었으면 이런 말을 할까 싶어 마음이 아팠다.

우리 가족의 작은 사랑과 관심에 민이는 하루가 다르게 변화하고 있었다. 아들과 함께 교회도 다니고, 학교에서 밤늦게까지 공부했다. 담배 피우고 피시방에 몰려다니며 방황했던 민이는 어느덧 모범생으로 변화하고 있었다.

그렇게 10개월의 시간이 흘렀다. 어느 날, 민이는 드릴 말씀이 있다고 하면서 조심스럽게 입을 열었다. 이제 집으로 돌아가겠다는 것이었다. 솔직히 가고 싶지는 않지만 우리가족에게 받은 사랑으로 자신감이 생겼고, 자신이 먼저 모범이 되면 아빠도 분명히 변화될 거라고, 이젠 겁나지 않는다고 힘주어 말했다.

우리들은 정이 들 대로 들어 서운한 마음이 앞섰다. 그러나 용기 내어 결정한 민이의 의견을 존중하기로 했다.

그리고 떠나기 전날, 집에서 조촐하게 송별식을 열었다. 민이는 눈물을 흘리며 이 은혜를 잊지 않겠다고 했다. 우리 부부는 미리 준비한 선물과 함께 '아저씨가 본 민이의 장점 20개', '아줌마가 본 민이의 장점 20개'를 친필로 정성껏 써서 스크랩하여 주었다.

생각지도 못한 선물에 민이는 크게 감동했다. 자존감을 높여 주고 용기를 주기 위한 방법이었는데, 감동하는 모습을 보니 행복했다. 그다음 날, 민이는 집으로 돌아갔다. 집을 나서는 민이의 손을 따뜻하게 꼭 잡으며 견디기 힘들면 언제든지 다시 오라는 말도 덧붙였다.

집으로 돌아간 민이는 자신과의 약속을 지켰다. 거실에 책상을 놓고 열심히 공부한 결과, 반에서 꼴지를 맴돌던 성적은 전교에서 1, 2등을 다투는 성적 우수 학생으로 변화되었다.

그리고 걸핏하면 아내를 폭행하고, 잦은 외박을 하고, 말썽을 피우던 민이 아빠는 술에 만취된 상태로 집에 들어오면 거실에서 몰입하여 열심히 공부하고 있는 아들을 보면서, 자신의 행동에 부끄러움을 느끼며 서서히 변화했다고 한다. 민이 때문에 못살겠다고, 미치겠다고 푸념하던 민이 엄마는 이렇게 말했다.

"요즈음 민이 보는 재미에 살아요. 이 모두가 찬영이와 두 분 덕분이에요. 이 신세를 어찌 갚아야 할지요?"

민이의 변화로 인해 민이 아빠도 술, 담배, 폭행, 폭언, 외도가 사라지고 성실한 가장으로 가족을 위해 최선을 다하고 있다고 한다.

그 당시 민이 이모는 80평 아파트에서 살고 있었고, 민이를 여러 번 부탁했는데 거절했다고 한다. 그 후 민이 엄마는 과일 상자를 들고 몇 번 인사하러 왔다. 우리 가족을 통해 한 가정이 행복한 가정으로 변화된 것은 말로 다 형용할 수 없을 정도로 기쁘고 보람된 일이었다.

물론 민이와 함께한 10개월 동안 쉽지는 않았다. 전국을 일주하며 강연 다니느라 늘 분주한 가운데 하루에 세탁기를 여러 번 돌릴 때도 많았다. 남편은 민이의 교복을 늘 빳빳하게 다려 주었다. 손수 만든 반찬들도 금방 동이 났다. 10개월 동안 생활비 한 푼 안 받고 오직 사랑과 정성으로 민이를 돌봤다.

민이는 현재 대학에서 소방공무원이 되기 위해 착실히 준비 중이라고 한다. 민이가 꼭 소방공무원의 꿈을 이뤄, 우리에게서 받은 희망과 사랑의 힘을 다른 많은 이들에게도 나누어 주기를 바란다.

사랑하는 당신에게

어젯밤, 조성용 강사님 출판기념회를 다녀오는 내내 당신 생각을 했어요.

집에 도착하자마자 옷도 갈아입지 않은 채 뜬금없이 당신 앞에서 이선희 씨의 〈J에게〉를 불렀지요.

"J 스치는 바람에, J 그대 모습 보이면 난 오늘도 조용히 그댈 그리워하네……."

저의 애창곡인 〈J에게〉를 당신에게 불러 준 이유는 저의 옆지기가 되어 고맙다는 마음의 표현이었어요.

사랑하는 여보!

미래를 내다보는 혜안을 가지신 이상헌 작가님께서 이렇게 말씀하셨지요.

"일주는 노연이 안 만났으면 벌써 죽었을 거야."

이 말씀에 전적으로 동감할 정도로, 과거의 저는 깊은 수렁 속에 있었지요.

사랑하는 여보!

당신에게 감사할 것이 너무나도 많지만 가장 감사한 것은 여인으로 다시 태어나게 해 준 것이랍니다. 중성 같다는 이야기를 들을 정도로 삭막한 삶을 살아왔는데……. 저를 마치 딸처럼 예뻐해 주시고 귀여워해 주셔서 고마워요.

어느 날 외국영화를 보던 당신이 제게 말했지요.

"여보, 외국 영화를 보면 남편이 아내를 향하여 'my baby'라고 부르는 모습이 이해가 되었어. 나는 당신이 아기처럼 느껴질 때가 참 많아. 그리고 당신이 나의 첫사랑이야."

라고 표현하던 당신.

그뿐 아니라 중학교 2학년 때 달리는 자전거에서 떨어지는 사고로 턱이 빠지고 앞니 두 개가 앞으로 돌출되어 치아만 보면 불만이었던 제게,

"당신은 앞니 두 개가 나와서 훨씬 더 귀엽고 사랑스러워."

라고 격려해 준 당신.

또한 허벅지가 굵어서 불만이었던 제게 하체가 튼튼한 여인을 아내로 맞이하게 해 달라고 간절히 기도했다고 말하며, 아내의 모든 불만을 감사제목으로 바꾸게 해 준 당신.

어느 날, 손을 쳐다보면서 여자 손이 너무 크다고 말했더니

"당신 손은 떡두꺼비 손이야. 얼마나 복스러운 손인데! 난 가늘고 작은 손 싫어해. 두툼한 당신 손 만지면 기분이 좋아져."

라고 칭찬해 준 당신.

당신과 함께 살아오면서 좌충우돌하며 힘겨운 시간을 보낸 적도 많았으나, 서로의 좋은 점을 더 닮아 가고 있는 우리들. 부부간의 갈등으로 냉전기를 보낼 때에도 항상 먼저 전화하고 메시지를 보내 주는 당신. 서로의 단점 때문에 힘겨워했던 시간들이 길었지만, 서로 많이 변화하고 성장하고 있기에 우리를 만나게 하시고 부부의 인연을 이어 가게 하시는 하나님께 감사드려요.

사랑하는 여보!

부족함 많은 저를 당신의 목숨보다도 더 사랑해 주어 너무 고마워요.

부부가 되기 전에 당신을 수 없이 발로 차고 거부했는데, 천국에 가신 엄마가 당신을 처음 본 순간부터 마음에 쏙 들어 하시면서 "우리 일주, 잘 부탁해요."라고 당신 손을 꼭 잡았던 것 생각나나요? 돌이켜 생각해 보면, 외동딸을 끔찍이도 사랑했던 엄마가 제게 당신을 선물로 주시고 편안히 천국에 가신 것 같아요. 당신이 싫다고 엄마에게 말씀드리면, 언제나 한결같이

"그 사람 아주 진실한 사람이야. 착하고 순수한 사람이니까 절대 헤어지지 마."

라며 강권하셨지요.

사랑하는 여보!

철없는 아내와 사시느라 맘고생 많으셨어요. 내년 가을이면 벌

써 당신 환갑이네요. 많은 생각이 들더군요.

처자식 위해 늘 수고하는 당신, 우리 서로 지금처럼 최선을 다해 사랑하며 살아가기로 해요. 그리하여 먼 훗날 '더 사랑할걸…….' 하는 후회가 남지 않도록 오늘도, 내일도, 그렇게 사랑하기로 해요.

오랜만에 당신에게 편지를 썼어요. 당신을 위해 항상 기도하고 있는 아내가 있으니, 힘내세요.

당신의 사랑에 감사하면서

2016년 7월 10일 오후

당신의 아내, 일주 올림

아버지의 눈물

"이 글은 '아버지'란 이름을 가진 모든 분들에게 바칩니다."

나는 어려서부터 아버지가 눈물 흘리는 모습을 많이 봐 왔다.

아버지가 눈물을 흘리는 모습을 보면서 어린 마음에 신기한 적이 많았다.

'아, 아버지도 눈물을 흘리시네? 아, 남자도 눈물을 흘리는구나.'

생각하며 의아해하곤 했다. 어린 시절, 남자는 아프지도 않고 눈물도 흘리지 않는 줄로만 알았다. 남자란 전혀 다른 우주에 사는 외계인인 것처럼 생각한 건 아니지만, 당시 남자와 여자의 차이점에 대한 교육을 받지 않던 시대 상황에서 어린 나로서는 선뜻 이해되지 않았다.

그러던 어느 날이었다. 학교에서 돌아와 저녁을 먹은 후, 아버지는 술을 드시기 시작했다. 시간이 흐르면서 취기가 도는 아버지를 만류하느라 엄마는 술을 빼앗고, 아버지는 술을 내놓으라고 고래고래 소리를 질렀다. 나와 눈이 마주친 엄마는 내게 눈짓을 하였다. 얼른 술병을 감추라는 의미였다.

나는 도둑고양이처럼 살금살금 부엌으로 들어가 술병을 찬장 깊숙이에 감췄다. 그런 후 회심의 미소를 지었다. 안전하게 감췄다는 안도감에서 오는 미소였다.

안방에선 아버지의 통곡소리가 들려왔다.

"어머니, 어머니! 보고 싶어요."

꺼이꺼이 울부짖는 아버지를 달래는 엄마의 목소리가 교차하여 들려왔다.

"남자가 툭하면 눈물을 흘려요? 제발 그만 울어요."

아버지보다 한 살 연상인 엄마는 막내로 태어나 고생만 한 아버지가 가여워 연신 위로하고 있었다.

'어른이 된 아버지도 엄마가 보고 싶은 거구나.'

어머니를 부르면서 울고 계신 아버지가 가여워서 나도 눈물이 주르르 흘렀다. 그 후, 계속되는 사업 실패로 나는 아버지의 눈물을 자주 목격하였다. 그러나 어린 나는 술 드시는 아버지가 싫었고, 술심부름이 죽기보다 싫었다. 만취 상태로 길거리에 누워 있는 아버지가 너무 부끄러웠고, '왜 술에 의지하여 인생을 사실까?' 하는 생각에 한심하게 여겨지며 가족들을 힘들게 하는 아버지가 미웠다.

어린 내가 처자식을 부양해야 하는 가장의 무거운 어깨를 이해할 턱이 없었다.

이제 나도 세월이 흘러 50대 중반이 되었다.

파란만장한 삶을 살아오면서 아버지가 흘렸던 눈물에 담긴 고뇌를 헤아릴 수 있게 되었다. 산더미 같은 빚을 지고 잠 못 이루는 밤을 보내실 때, 얼마나 힘드셨을까……?

인정 많고, 내성적이시며 마음이 여려 현실을 도저히 감당할 수 없어 술에 의지할 수밖에 없었던 아버지. 빚 고민으로 잠 못 이루다 새벽에 연탄가스가 방으로 유입되어 가느다란 신음소리만 내며 죽어 가는 나를 살리신 아버지. 야반도주를 결정하기까지 얼마나 많은 불면의 밤을 보내셨을까.

그 많은 빚을 10원도 안 남기고 다 갚으신 아버지. 온갖 험한 일을 하시며 2남 1녀 우리 남매를 이 사회의 리더로 키우신 아버지. 그런 아버지가 이젠 존경스럽다.

엄마를 먼저 천국에 보내시고, 나는 또 아버지의 회한의 눈물을 보았다. 모쪼록 천국 가시는 그날까지 건강하시기를 오늘도 기도한다.

아버지의 눈물을 보면서 성장한 나는 결혼하여 남편의 눈물을 보았다. 비가 오나 눈이 오나 처자식을 부양하기 위해 생존 현장으로 출근하는 남편을 보면서 가장의 어깨에 짊어져 있는 막중한 무게를 느꼈다.

아버지가 그러했듯이, 남편이 그 길을 가고 있고, 후엔 내 아들이 그 길을 갈 것이다. 나는 여성 가장으로 오래 살아왔기에 가장의 외로운 마음을 잘 알고 있다.

어려운 현실과 싸워 승리한 우리들의 아버지, 어머니들이 계셨기에 우리나라가 존재하고 있고, 또 우리들이 존재하고 있다. 우리의 부모님들이 참고 견디어 낸 것처럼 우리도 참고 견디면 후에 웃으면서 이 땅을 떠날 수 있으리라 생각한다.

아름다운 그대들이여!
그대들의 이름은 '아버지'입니다.

엽지기의 고백

나의 가슴속 깊이에
'사랑'이라는 이름으로 자리한 당신.
곁에 있어도 언제나 그리운 그대,
그대는 또 다른 나이기에
우리는 언제나 하나입니다.
아주 어릴 적부터 함께해 온 듯한 이름
'최일주' 나의 아내,
그대는 나의 존재이지요.
언제나 당신을 사랑합니다.

2014년 11월 3일
양구 강의 가는 길에

전철을 기다리며 잠시 생각에 잠기네요.
전에 친하게 지냈던 형님들의 나이가

70대에 이르렀음을 느껴 봅니다.
하, 세월이 그렇게나 흐르고 있네요.
우리도 얼마나 남았을까요.
서로 알뜰히 챙기며 사랑으로 살아 내도
길지 않은 시간들이겠지요.
세월이 사람을 만들어 가네요.
나의 일주, 그대를 사랑합니다.
함께 멋지고 예쁘게 늙어 가기로 해요.
서러움도 아쉬움도 없게시리…….

2016년 1월 27일

서로가 아니면 존재할 수 없는 이 사랑이
내게로 와 나의 온 우주가 되었다.

결혼기념일에

부모는 카메라,
자녀는 필름

며칠 전, 군대 간 아들에게서 전화가 왔다.

"엄마, 저 요즘 책 많이 읽고 있어요. 일기도 매일 꼬박꼬박 쓰고 있고요."

"어머나! 그래, 너무 잘됐다. 아빠도 무척 좋아하실 거야."

"밤12시까지 책 읽고 있어요. 예전에는 소설을 많이 읽었는데, 지금은 여러 종류의 책을 많이 읽고 있어요."

아들은 현재 읽고 있는 책 제목도 덧붙이며 신나게 이야기했다. 책을 읽으면서 얻은 교훈, 명언도 꼼꼼히 기록한다고 했다. 참 기특하고 기뻤다.

나는 뿌듯한 마음에 집에 오자마자 남편에게 이야기했다. 예상한 대로 남편도 무척 좋아했다.

"자식, 그렇게 책 좀 읽으라고 말하여도 안 듣더니 너무 잘됐네. 그렇게 여러 종류의 책을 읽다 보면 책을 보는 안목도 생기지. 제일 기쁜 소식이네!"

남편은 연신 얼굴 가득 행복한 미소를 지으며 대견해 했다. 부부 강사이면서 부부 작가인 우리 부부에게 있어 책을 읽고 글을 쓰는 일은 삶 자체이다. 워낙 책을 좋아하고 글쓰기를 좋아하여 자연스레 아들에게 우리 삶의 모습을 보여 주었다. 우리 부부는 아들에게 수시로 책 읽고, 일기 쓰라는 말을 했다. 그러나 어쩐 일인지, 우이독경이었다. 그러던 아들이 군대에 가서 책을 읽고 일기를 쓴다 하니, 생각할수록 기뻤다.

더욱 감사한 것은 11월 휴가 나올 때 책 속에서 얻은 좋은 내용을 기록한 노트를 갖고 나오기로 한 것이었다. 강사인 엄마에 대한 아들의 배려였다. 아들의 이러한 모습을 보면서 나는 '유전'에 대하여 곰곰이 생각하는 계기가 되었다.

'부전자전(父傳子傳)', '모전여전(母傳女傳)'이라는 고사성어가 있다.

본래 뜻은 아버지의 성품, 행동, 습관 등을 아들이 그대로 전해받는 모습을 가리킨다. 그런데 생활 속에서는 약간 비아냥거릴 때 쓰이기도 한다.

"쳇, 부전자전이라더니! 그렇게 빈둥거리는 것은 네 애비 쏙 닮았니?"

이런 식으로 말이다. 또한 우리 속담에 '씨도둑은 못한다.'는 말이 있다. 자식은 부모의 피를 받고 태어나므로 부모의 모습을 그대로 이어받는다는 말이다.

언젠가 설 명절에 바로 아래 남동생과 이런 대화를 나눈 적이 있다.

부모님으로부터 돈은 물려받지 못했지만' 좋은 유전자를 물려받아서 참 감사하다는 말 이었다. 학자이신 할아버지를 닮아 공부를 좋아했던 아버지. 비록 당신의 꿈은 못 이루었지만 자식들을 통해 꿈을 이루셨다.

우리 삼남매는 아버지를 그대로 닮아 책을 좋아하고 글쓰기를 좋아하여, 미국에 살고 있는 막내 남동생은 현재 5권의 책을 출간했다. 나는 게을러서 이제 두 번째 책을 쓰고 있지만 말이다. 바로 아래 남동생도 수천 권의 책을 읽었다. 거실을 서재로 꾸밀 정도로 책을 좋아한다. 친정에 가면 항상 책 읽는 모습을 본다. 사업가인 동생은 바빠서 지금은 책을 못 쓰고 있지만, 언젠가는 꼭 책을 쓸 거라고 말했다.

낙천적이고 순수하시며 소녀처럼 표현을 잘하셨던 엄마의 유전자와 '지적 유전자'를 물려받은 나를 그대로 닮은 아들의 변화에 감사할 뿐이다.

얼마 전, 새 아파트로 입주한 딸내미 집에서 2박 3일을 보냈다. 4살이 된 준서와 18개월이 된 은서는 매일 밤 책을 읽어 줘야 잠이 들었다. 은서는 고사리손으로 책을 들고 와서 읽어 달라고 졸랐다. 그 모습이 얼마나 사랑스럽던지 동화 구연가처럼 실감나게 읽어 주니, 그 작은 얼굴에 꽃처럼 생긋생긋 밝은 미소를 띠며 좋아했다.

은서는 돌잔치 날, 마이크를 잡았다. 잔치에 참석한 사람들이 웃으며 방송인이 되겠다고 저마다 한마디씩 했다. 나는 내심 놀랐다. 물론 돌잡이 물건 잡은 것 갖고 아이의 일생을 예측하는 것이

좀 그렇지만, 그것을 마냥 우연이라고 지나칠 수는 없었다.

할아버지, 할머니, 아버지, 어머니, 나, 자녀들, 손자, 손녀 5세대를 보면서 유전에 대해 깊이 생각하게 되었다.

누군가 한 말이 생각난다.

"부모는 카메라이고, 자녀는 필름이다."

오늘도 나는 자녀와 손주들에게 좋은 유전자를 남기기 위해 최선을 다하고 있다.

장모님과 사위

얼마 전, 꿈에 엄마가 나타나셔서 남편에게 커피를 타 주셨다. 그 꿈을 꾼 후에 남편에게 이렇게 말했다.

"여보, 어젯밤 꿈에 엄마가 나타나셔서 당신 좋아하는 커피를 손수 타 주셨어. 오늘 반드시 기쁜 일이 생길 거야. 엄마가 꿈에 나타나시면 어김없이 기쁜 일이 생겼거든."

아니나 다를까. 그날이 다 가기 전에 남편에게 기쁜 소식이 들려왔다. 남편은 내 말이 맞았다고 좋아하며, 장모님과의 추억을 반추하였다.

용인 친정에 방문한 그날도 엄마는 사위를 무척이나 반갑게 맞아 주셨다. 미리 준비해 주신 점심을 맛있게 먹은 후, 남편의 장난기가 발동하기 시작했다.

"장모님, 요즘 좋은 일이 많으신가 봐요. 혈색도 좋으시고 편안해 보이시네요. 혹시 체중도 불어나신 것 아닌가요?"

그러면서 엄마를 체중계로 유도했다. 그렇게 체중계에 올라가신 엄마 뒤로, 남편은 몰래 체중계 뒤쪽을 가볍게 눌렀다.

"어! 내 체중이 이렇게 많이 늘었나?"

놀라시는 엄마에게 남편이 말했다.

"아휴, 아까 점심을 많이 드시더라고요."

"어, 아닌데……. 갑자기 이렇게 차이가 날까?"

그러시면서 뒤를 돌아보셨다.

"에이, 이 사람아! 발 치워."

그렇게 놀림을 받고도 좋아하셨다. 그 순간, 우리는 함께 폭소를 터트렸다.

남편은 늘 그렇게 장모님 놀리기를 좋아하고, 엄마는 매번 그렇게 속아 주시면서 함께 즐거워했던 기억이 아픔으로 가슴 한편에 아련하게 또 가슴 따뜻하게 자리하고 있다.

언젠가 부모님이 우리 집에 오셔서 15일 정도 머문 적이 있으셨다.

남편은 아귀찜, 감자탕, 매운탕, 닭백숙 등 맛있는 음식을 많이 만들어 드렸다. 처음으로 사위 사랑을 받은 부모님은 많이 기뻐하시고, 요리 잘하는 사위를 자랑스러워하셨다. 특히 아귀찜을 드시고 너무 맛있다며, 이런 것은 어디서 배웠냐고 흐뭇해하셨다.

보름 정도 우리와 함께 휴가를 보내신 후, 집으로 가시는 날이 되었다. 오실 때는 승용차로 모시고 왔는데, 가실 때는 지방 강의 일정이 있어 대중교통으로 가셔야 했다. 부모님과 함께 여행하고 산책하고 소중한 추억을 쌓았는데, 막상 헤어지려 하니 아쉬워서 고속버스표를 예매한 후 추어탕을 사 드리기로 했다.

터미널에서 표를 구입한 후, 엄마에게 보여 드렸다.

"엄마, 오후 1시 차 끊었어. 추어탕 드시고 가시면 될 것 같아."

"그래, 알았어. 표는 끊었다고?"

"응. 엄마, 1시 차 끊었어."

엄마는 버스표를 자세히 들여다보셨다.

그런 후, 마침 가는 날이 장날이라고 터미널 근처에 정말 5일장이 서 있었다. 사람 사는 냄새가 물씬 풍기는 재래시장을 구경하였다. 재래시장을 구경하는 중에도 엄마는 여러 번 표는 끊었냐고 재차 확인하셨다.

5일장을 다 구경한 후, 단골 식당으로 향했다. 추어탕 4인분을 주문한 후 기다리고 있었다.

그런데 갑자기 엄마가 정색을 하시더니, 우리 부부를 향하여 큰 목소리로 말씀하셨다.

"근데 표는 끊었어?"

나는 놀란 표정으로 말했다.

"엄마, 표 끊고 여기 왔잖아. 표 보여 드렸잖아요."

나의 목소리 톤이 높아 있었다. 그때서야 생각이 난 듯 엄마는

"아, 그랬나!"

그 순간 우리들은 박장대소했다. 평상시 웃음이 많지 않은 아버지도 많이 웃으시고, 엄마도 얼마나 웃으셨는지 배가 아프다고 호소하셨다.

웃음이 많은 남편과 나는 말할 것도 없이 배가 끊어질듯 웃었다. 조금 전까지 표를 보여 드렸는데, 이런 개그가 없었다.

그런 일이 있는 후, 장난기 많은 남편은 엄마만 보면

"표는 끊었어요."

라고 말했다. 이 말을 듣는 순간, 엄마는 배를 부여잡고 너무 많이 웃으셔서 급기야 화장실로 뛰어가시곤 했다.

그 후 엄마의 닉네임은 '표는 끊었어.'였다.

이런 일도 있었다.

여의도에서 친척언니 아들 결혼식이 있었다. 뷔페식당 둥근 테이블에 여러 명이 함께 앉아 있었다. 유니폼을 입은 도우미들이 수시로 지나다니면서 "음식은 절대 갖고 가시면 안 됩니다."라고 경고를 하며 다녔다. 엄마와 우리 부부는 맛있게 음식을 먹고 있었다.

그런데 옆에서 음식을 먹던 아주머니 한 분이 주변을 두리번거리더니, 비닐봉지에 재빠르게 음식을 담는 것이었다. 나는 깜짝 놀랐다.

"어머나! 아주머니, 음식 갖고 가시면 안 된대요."

"나도 알아요. 몰래 갖고 가려고요."

"그러시다 발각되시면 어쩌시려고요."

나는 내심 걱정이 되었다.

그런데 아니나 다를까, 도우미의 매서운 눈빛에 분주하게 비닐봉지에 음식을 담던 아줌마의 행각이 발각되고 말았다.

"음식 갖고 가면 절대 안 된다는 말 못 들었어요? 그 봉지 이리 내놔요."

"이거만 갖고 갈게. 한 번만 봐줘."

"안 돼요. 발각되면 우리가 잘려요."

비닐봉지를 앞에 두고 거친 실랑이가 벌어졌다. 엄마와 우리 부부는 안타까운 표정으로 물끄러미 쳐다보았다. 결국엔 젊은 도우미가 비닐봉지를 빼앗아 밀고 다니는 쓰레기통에 집어넣었다. 그 장면을 보고 있던 우리 부부는 마음이 아팠다.

그런데 잠시 후, 그 아주머니는 손자 준다고 떡, 빵, 과일을 주섬주섬 또 담았다. 옆에서 보는 나는 가슴이 조마조마했다. 마치 내가 큰 잘못을 하고 있는 것 같은 착각이 들었다. 아무리 말려도 듣지를 않으셨다.

청소하는 도우미들이 옆을 지나갈 때면, 가슴을 쓸어내리며 이렇게 말했다.

"어휴……. 또 들킬까 봐 가슴이 벌렁벌렁하네."

얼굴에도 조바심이 가득해 보였다. 어색한 분위기가 즐거운 식사시간을 망치고 있다. 이럴 땐 으레 남편 특유의 재치가 발휘되곤 했다. 역시나 기대를 저버리지 않는 남편. 말없이 지켜보던 남편이 입을 열었다.

"아주머니, 축하드려요."

"네? 그게 무슨 말씀이세요?"

아주머니는 얼굴 가득 의아한 표정을 지으며 남편에게 질문했다.

"지금 이 연세에 가슴 벌렁거리는 것 얼마만이세요? 첫사랑 하실 때 가슴 두근두근하신 경험 말고, 이렇게 두근거리신 적 있으셨나요? 축하드릴 일입니다."

그때서야 말뜻을 알아차린 아주머니와 원탁에 빙 둘러앉아 있던 모든 분들이 폭소가 터졌다. 한참을 웃더니, 어떤 분이 이렇게 말했다.

“세상에…… 이런 사위, 어디서 얻으셨나요? 대한민국 다 뒤져도 이런 사위 못 얻겠네요. 오늘 너무 재미있네요. 좋으시겠어요.”

엄마는 흐뭇한 미소를 지으며 웃고 계셨다.

발각될까 봐 조바심하던 분에게 ‘사고’를 전환시킴으로써 무거운 분위기를 반전시킨 것이다. 엄마는 자주 남편 손을 꼭 잡고 이렇게 말씀하셨다.

“자네가 있어서 이젠 내가 일주 걱정 안 해. 예전에는 맨날 딸 걱정에 잠을 설쳤는데, 이젠 매일 밤 잘 자. 자네가 일주를 지켜 주어 늘 든든해.”

그렇게 순수하시고 만년 소녀처럼 웃음 많던 엄마에게 자궁내막암 말기라는 진단이 나왔다. 꿈에도 상상하지 못한 일이었다. ‘마른하늘에 날벼락’이라는 말은 이럴 때를 두고 하는 게 아닐까. 남편도 나도, 엄마 없는 이 세상은 단 한 번도 상상한 적이 없었다.

우리는 최선을 다해 간호를 하였다. 강의 끝나는 즉시 서울로 달려가 엄마와 시간을 보냈다. 80세까지만이라도 사시길 온 가족이 바라면서 기적이 일어나길 간절히 기도했지만, 엄마는 끝내 개나리가 흐드러지게 핀 봄날, 천국에 가셨다.

엄마가 천국 가신 후, 나는 매일을 대성통곡하며 울었다. 그런 나를 달래 주고 보듬어 주던 남편은 수년이 지난 어느 날, 이런 고백을 하였다. 내 앞에서 울면 내가 더 힘들어할까 봐 일하는 중에도 울고 화장실 가서도 울고, 한적한 곳에 가서 대성통곡하며 울었다고……. 몇 년이 지난 지금도 함께 장난치고 박장대소하던 장모님이 몹시 그립다고 고백을 하였다.

맨발로 뛰어나오시며 반갑게 맞이하셨던 엄마.

사위의 장난에 아이처럼 웃었던 엄마.

음식을 가리지 않고 잘 먹는 사위를 좋아하시던 엄마.

"표는 끊었어."라고 말씀하시던 엄마의 목소리가 오늘따라 더 사무치게 그립다.

천국에 계신 엄마에게

사랑하는 엄마!

엄마가 미치도록 보고 싶어요.

부정적인 글을 사용하기 싫어하는 제가 엄마를 보고파 할 때는 '미치도록'이라는 표현을 사용하네요.

엄마!

천국에 가신 것은 믿고 있는데 엄마의 목소리, 엄마의 작은 손, 백옥처럼 흰 피부를 이제 더 이상 보고 만질 수 없어 힘들어요. 소녀처럼 순수하시고 감정 표현을 잘하시던 엄마. 2남 1녀를 지극 정성으로 키우신 엄마.

딸내미가 방송에서 강의하는 모습을 지켜보시면서 흐뭇해 하셨다는 엄마. 딸과 함께 강연에 가면 "제가 우리 딸 매니저예요." 하며 호탕하게 웃으시던 엄마. 제가 학창 시절 공부 안 하고 소설책 많이 읽는다고 혼내셨던 아버지에게 딸이 작가의 꿈을 이루었다고 당당히 말씀하셨던 엄마. 옷을 사 드리면 10번 이상은 고맙다고 표현하셔서 '더 좋은 옷을 많이 사 드려야지!' 하고 결심하게 만든 엄마.

당신의 딸로 태어나서 자랑스러워요.

딸이 무슨 말을 해도 감탄과 공감을 잘하셔서 이야기를 자꾸 하고 싶게 만든 우리 엄마.

당신의 목소리가 듣고 싶을 때면 가끔씩 저도 모르게 엄마에게 전화를 걸어요.

"없는 번호입니다."

기계적인 음성의 차가운 멘트가 나올 때의 절망감, 엄마는 아시나요?

여장부이시며 가족, 친척 사이를 화목하게 만드신 당신의 지혜를 생각해 봅니다.

엄마!

당신을 소리 내어 불러 봅니다. 눈물이 앞을 가려 글씨가 흐릿해지네요.

사랑하는 엄마, 참으로 고생 많으셨어요. 임종하시기 전날 밤, 삼남매가 엄마 임종을 지키며 엄마와 마지막 순간을 보냈지요. 당신께서는 마지막 순간까지 희망의 끈을 놓지 않으시고 오히려 저를 위로하셨지요. 의학 기술이 좋아서 죽지 않는다고, 걱정하지 말라고…….

그러나 자궁내막암은 엄마의 생명을 위협하였지요. 엄마가 처음 피가 비친다고 했을 때, 바로 정밀검사를 했어야 했는데……. 엄마가 암 걸린 건 예전 엄마 가슴에 대못을 박은 이 못난 딸 때문인 것만 같은데…….

엄마, 엄마! 당신 마음 아프게 한 잘못, 용서해 주세요.

살아생전 정 서방 만나서 이젠 딸 걱정 안 하신다고 하셨지만, 25년 세월 동안 저 때문에 가슴 졸이신 엄마. 엄마를 진심으로 사랑해요.

엄마!

천국에서 다 보고 계시지요? 엄마, 저 이 세상에서 한 줄기 빛과 소금 역할을 다한 후에 엄마 계신 천국으로 갈게요. 주님께서 저를 부르시는 그날까지, 엄마에게 받은 큰 사랑을 소외된 분들에게 나누어 줄게요. 엄마, 계속해서 눈물이 흐르네요.

사랑하는 엄마!

오늘 밤 꿈에서라도 보고 싶어요. 그리운 엄마…….

2014년 6월 26일

당신의 유일한 딸, 일주 올림

4.

다시 부르는 희망의 노래

하늘나라로 보내는 무전

어제 온종일 책 원고 마무리 작업을 한 후, 교회로 향했다.

저녁마다 진행되는 기도 모임에 참석하기 위해서 지하철을 탔다. 며칠 사이 폭염이 물러가고, 제법 선선한 바람이 옷깃을 스쳤다. 긴팔 옷을 입은 사람도 제법 보여, 이제 여름의 끝에서 가을이 서서히 다가오고 있음이 느껴졌다.

기도실에 도착하니, 여러 성도들이 와 있었다. 담임목사님 말씀이 끝나고 개인 기도 시간이 시작되었다. 나는 마음을 정갈히 하고 자세를 바르게 한 후, 기도를 시작하였다. 나라를 위해서 기도하는데, 자꾸만 눈물이 흘러내렸다.

노숙인분들, 장애인, 독거노인, 미혼모, 버려진 아이들, 교도소 수형자, 가난한 분들, 병마로 고통 가운데 있는 분들, 구슬땀 흘리며 노동하는 근로자 등을 집중하여 간절히 기도하다 보니 무음으로 된 폰 시계가 1시간이 훌쩍 넘은 숫자를 가리키고 있었다.

집으로 돌아오는 발걸음이 가볍고, 마음이 뿌듯하고 기뻤다. 나의 기도가 하늘 문을 열고 닫을 거라는 믿음이 있기 때문이다.

처음 예수님을 믿었을 때, 기도는 오로지 나를 위한 기도였다.

그러나 신앙이 자라고 성장하면서 나를 위한 기도는 뒷전이고 늘 나라와 소외된 분들을 위한 기도가 주를 이루게 되었다.

지금까지 34년간 예수님을 섬기면서 수천 번 이상 기도 응답을 받았다. 다 일일이 기억할 수는 없지만, 기도 응답이 수첩에 기록된 것만 해도 이루 셀 수 없이 많다. 소소한 것에서부터 기도하기 시작한 기도가 하나씩 응답되고, 수첩에 그 응답 횟수가 쌓여 갔다.

내게 있어 기도 시간은 하나님과 독대하는 시간이요, 대화하는 달콤한 시간이다. 때로는 지쳐서 쓰러질 지경일 때 탄식하듯 "하나님 아빠, 저 피곤해요."라고 말한다. 그러면서 "하나님이 저의 아빠이신 사실이 참 감사해요."라고 고백한다.

때로는 하늘을 쳐다보면서 "주님, 많이 보고 싶어요. 사랑하는 우리 엄마 잘 계시지요? 주님께서 잘 돌봐 주실 거라 믿어요." 그러면 하늘의 구름이 손짓하는 것 같다.

나는 만일 주님을 믿지 않았다면, 벌써 이 세상에 없었을 거라는 생각을 여러 번 했다. 당신의 목숨을 버리면서까지 사랑하신 그 사랑에 눈물로 감사할 때가 많다.

나는 오늘도 수시로 하나님께 무전을 친다.

내게 주신 무전기로 본부(하늘나라)를 향하여 무전을 친다.

'기도'라는 최상급 무전기를 들고, 오늘도 타전을 하고 있다.

꿈을 파는 강사

수년 전, 구미고아 농협에서 주부대학 특강을 했다.

100여 명이 넘는 교육생들 중에 유난히 눈에 들어오는 한 여인이 있었다. 맨 앞줄에 앉아서 2시간 동안 미동도 하지 않고 열심히 메모를 하면서 청강하는 태도가 나의 마음을 사로잡았다.

그런데 몇 년 전, 그녀에게서 전화가 왔다. 원장님 강의를 듣고 꿈을 이루었다며, 너무도 감사하다고 꼭 뵙고 맛있는 음식을 대접하고 싶다고 했다. 사연은 이러했다.

경북 선산에서 출생한 그녀는 초등학교 시절, 선산군 가요 콩쿠르 대회에서 상을 받았다고 한다. 이때부터 우리 가락, 우리 민요에 관심을 갖게 되었고 소리꾼이 되고 싶었다고 한다. 그러나 넉넉하지 않은 집안 형편으로 꿈을 향해 달려갈 엄두를 내지 못했다. 그런데 그날 40세가 넘어서 강사, 작가의 꿈을 이루었다는 나의 강연을 통해 비로소 희망을 갖게 되었고, 잃어버린 꿈을 재정립하게 되었다고 한다.

사실 그날은 최악의 컨디션인 상태에서 진행된 강연이었다.

4박 5일 동안 울산, 경주, 부산, 포항을 캐리어를 끌고 다니며 열강한 후, 과로로 병원에 입원한 상태였다. 배에 가스가 차서 임산부 배처럼 부풀어 올라 있었다. 의사는 잠시 서 있기도 힘든데, 열차를 타고 이동하여 2시간 동안 강연하는 것은 무리라고 만류하였다.

그런데 예전에 에스컬레이터에서 거꾸로 박힌 사고 후에도 4시간 열강을 했고, 감기로 온몸에 고열이 찾아와 몸이 지탱하기도 힘겨울 때에도 강연을 했다. 왜냐하면 나의 강연을 통하여 새로운 꿈과 희망을 갖는 청중들이 많음을 알기 때문이었다. 그들의 희망을, 그들의 발걸음을, 차마 헛되이 할 수 없었다.

딸의 부축을 받으며 강연장에 도착한 나는 식은땀을 흘리며 열강했다. 꿈에 대하여, 자아실현에 대하여 나의 스토리와 결합하여 예술작품을 만들듯 열정을 다했다.

강연 마무리 부분에서 아픈 몸을 이끌고 의사의 만류도 뿌리치고 여러분 뵈러 왔다는 나의 말에 온 청중은 놀라움을 금치 못했고, 우레와 같은 박수가 터져 나왔다.

많은 시간이 흘렀어도 그날의 기억을 잊을 수 없었는데, 강연을 듣고 꿈을 이루었다 하니 온 세상을 얻은 듯 기뻤다. 작년 구미 근교 강연을 갔다가 그녀를 만나러 갔다.

'한국민요연구소(경기민요) 중요무형문화재 제19호 선소리 산타령 전수자, 임성연 원장님'이라는 직함이 그녀를 대변해 주고 있었다. 그녀는 예전에 만났을 때보다 훨씬 더 행복해 보였다.

그날 아픈 기색 없이 혼을 담은 강연을 듣고 희망이 생겼고, 용기가 났다고 한다. 45세의 나이에 무엇을 할 수 있으랴 생각하며 꿈을 포기한 채 살아가던 임 원장에게 나의 강연은 신선한 자극제가 되었다고 한다. 40세가 넘어 꿈을 성취한 후 전국 일주를 하며 강연을 펼치고 있는 내가 퍽 부러웠고, 자신의 존재가 한없이 작게 느껴졌단다.

그 후, 취미로 배우고 있던 장구 배우기가 꿈으로 전환되었고, 민요 전공 교수님에게 본격적으로 소리를 배우기 시작하였다고 한다. 혹독한 자신과의 싸움을 이겨 내며 연마한 결과, 그녀는 마침내 꿈을 이루었다.

예전에는 오랫동안 식당을 운영하고, 가내수공업으로 억척스럽게 살아온 그녀는 맏며느리로서 시부모님에게도 효심이 지극하다고 한다. 현재 그녀는 전국을 일주하며 공연을 펼치고 있고 요양원, 무료급식소, 독거노인, 장애인기관 등을 다니며 봉사 공연을 하고 있다. 이러한 공로를 인정받아 2014년에는 구미시장으로부터 표창패를 받기도 했다. 봉사 공연을 가서 베풀고 행복해하며 돌아오는 그녀는 마음이 아름다운 여인이다.

후배를 양성하는 연구소에서 직접 장구를 치면서 열창하던 그녀의 모습에서 꿈을 성취한 사람에게서 느껴지는 행복한 모습을 찾아볼 수 있었다. 경기민요, 장구, 산타령 등을 배워 행복한 소리꾼이 된 그녀를 보면서 강사로서 말로 다 형언할 수 없는 보람을 느꼈다.

아픈 몸을 이끌고 가서, 강한 정신력으로 2시간 열강한 후 집으로 돌아와 다시 재입원하였던 그날의 시간들이 결코 헛되지 않았음을, 그녀를 통해서 알게 되었다.

나는 오늘도 강연을 하기 전, 마음속으로 이 말을 되새긴 후 강연장으로 향한다.

"강의를 위한 강의, 인기를 위한 강의가 아닌 교육생들을 향한 사랑과 나눔 그리고 확고한 가치관과 삶의 철학을 가지고 살아 있는 명강의를 하는 최일주 원장입니다."

다시 부르는 희망의 노래

2016년 새해 들어 무력감에 시달렸다. 스스로 능력 없게 느껴지고, 내 자신이 이 세상에서 가장 바보 같다는 정말 바보 같은 생각이 사정없이 나를 짓눌렀다. 어떠한 음식도 전혀 맛이 없었고, 밤이 되면 잠을 잘 수가 없어 뜬눈으로 하얗게 지새우기를 여러 날이 흐르고 있었다. 나만 빼고 남들은 다 잘나가고 있는 것 같고, 시대의 낙오자 같은 마음이 들곤 했다.

그날도 늦은 시간 잠을 청하려 침대에 누웠으나, 도저히 잠이 오지 않아 할 수 없이 거실로 나갔다. 평소 즐겨 쓰는 SNS에 글을 쓰기 시작했다.

“나는 언젠가부터 내 자신이 싫어졌다. 거울 속에 비친 내 모습은 왜 그렇게 못생겼는지……. 세상을 살아가는 지혜가 없고 미련하고 바보 같은지…….”

내 자신을 비하하는 글을 다 쓴 후, 친구 공개를 눌렀다. 시계는 새벽 1시를 훨씬 넘어가고 있었다.

그런데 놀라운 일이 일어났다. 늦은 시간임에도 불구하고 댓글들이 올라오기 시작한 것이다. 평소 나를 아끼는 분들의 위로와 격려의 댓글들이 순식간에 올라왔다. 나는 깜짝 놀랐다. 마치 나의 존재를 확인이나 한 것처럼……. 그날 밤, 훈훈한 마음으로 숙면을 취할 수가 있었다.

그뿐만이 아니었다. 가깝게 지내는 한 분은 내가 좋아하는 원피스를 사 주고, 또 한 분은 편지라고 하면서 봉투를 주기에 열어 보니 거금이 들어 있었다. 놀란 마음에 전화하여 편지라고 해서 받았는데 이게 무슨 일이냐고 물었더니, 지인은 조금이나마 위로해 드리고 싶었다고 했다. 또 결혼한 딸내미는 명품 가방을 선물하면서 힘내시라고 위로했다.

그러던 어느 날, 나를 많이 사랑하는 언니로부터 긴 메시지가 왔다.

"인생살이 누구나 다 똑같이 고통스럽고 힘든 나날의 연속이랍니다. 그래도 몸이라도 건강하니 축복이라 감사해야 한답니다. 아침에 일어나 볼 수 있음에 감사하고, 먹을 수 있음에 감사하고, 걸을 수 있음에 감사하고, 아픔과 통증이 없음에 감사하고 너무나도 감사해서 감사한 나날의 선물에 감사한 날들.

일주는 말을 예쁘게 해서 사랑스럽고, 일주는 글 쓰는 재주가 있어 사랑스럽고, 일주는 귀엽게 생겨서 사랑스럽고, 일주는 포근한 사람이라 사랑스럽고, 일주는 사랑이 많아서 감사하고, 일주는 믿음이 좋아서 사랑스럽고, 너무나도 많은 장점을 가지고 있음에 감사하고 또 감사하지요.

뭇 사람들은 일주를 보면 다들 부러워합니다. 많은 능력의 소유자로 옆지기(남편)의 사랑을 듬뿍 받고 있는 모습을 보면 시샘이 날 정도랍니다. 지금의 고난은 장차 올 축복의 고난이지요.

사랑하는 일주야, 일주의 태양은 반드시 활활 타오른다. 일주야, 잠시 스치는 먹구름에 주눅 들지 말자. 일주의 태양이 비치는 일주의 때가 반드시 오고 있으니. 일주야, 태양을 잡자. 하나님이 사랑하사 축복을 주실 그릇을 만들고 있음에 늘 감사하자."

이 글을 읽고 과분한 칭찬에 몸 둘 바를 모르면서도 큰 격려를 받고 다시 일어날 수 있었다. 강연할 때마다 "여러분, 힘드실 때 원초적 감사를 하셔야 합니다."라고 강조하던 나는 감사는커녕 자기비하로 내 영혼을 병들게 하고 있었는데, 언니의 메시지는 정신이 번쩍 나게 했다.

돌이켜 보니 감사할 일이 너무 많았다. 언니 표현대로 이 세상에 여자는 나 혼자인 것 같은 착각이 들 정도로 아내를 자신의 목숨보다 더 사랑하는 남편, 그리고 올바르게 성장하여 가정을 잘 돌보고 두 아기를 지혜롭게 키우고 있는 딸과 나라의 부름을 받고 군 복무를 잘하고 있는 아들, 또한 내가 잘되길 간절히 바라며 응원해 주는 많은 지인들까지…….

남편의 지극한 사랑과 정성으로 세월이 갈수록 더 젊어지고 건강해지고 있는 나. 그렇게도 꿈꾸고 원했던 강사, 작가로서의 삶을 영위하는 자체가 다 감사제목이다.

나는 어리석게도 수많은 감사제목을 잠시 잊고 있었다.

온 나라가 불경기에 힘들다고 아우성이다.

예전보다 우리네 살림살이가 더 힘겨워졌다. 이에 따라 많은 사람들이 정신적 · 경제적으로 피폐한 삶을 살아가고 있다.

이럴 때일수록 원초적 감사를 하면서 다시 희망의 노래를 불러야 한다. 어두운 터널을 빠져나온 나는 중학교 2학년 소녀 시절부터 꿈꿔 온 소설가가 되기 위해 다시 큰 목소리로 희망의 노래를 부르면서 꿈을 이루기 위해 새로운 도전을 시작하였다.

새봄과 함께.

마지막이
아름다운 사람

얼마 전 유투브를 통해 어느 분의 강의를 들었다.

버려진 아이들을 데려다 친자식처럼 키우고 노숙인들을 20년째 돌보고 있다는 그는 강연 중 이런 고백을 했다.

"저는 마지막이 아름다운 사람이 되고 싶어요."

이 말을 듣는 순간, 내 가슴에 울림이 되어 뇌리 속에 아름다운 메아리의 향연이 펼쳐지고 있었다.

'마지막이 아름다운 사람이 되려면 어떠한 사람이 되어야 할까?'

스스로 자문자답해 보았다. 돌이켜 보니, 나는 항상 '긍정적 종착역(죽음)'을 강연할 때마다 강조하곤 했다. 내용인즉, 매일매일의 삶을 알차게 영위함으로 죽음 앞에 섰을 때 '아쉬움과 후회의 양'을 줄이자는 내용이었다. 그러고 보니 철이 들면서부터 늘 '마지막이 아름다운 사람'이 되고 싶어서 고군분투했다.

오래전의 일이다. 지극히 내성적이고 소극적이었던 필자는 용기를 내어 보험회사에 입사했다.

입사한 후, 1시간 일찍 출근하여 화장실 청소를 했다. 지금이야 건물 청소 담당하는 사람이 따로 있지만, 예전에는 전혀 없었다. 비가 오나 눈이 오나 하루도 빠짐없이 청소를 하는 나에게 뒤에서 수군거렸다. 소장에게 잘 보이려고 청소하는 거라고……. 별말을 하든지 나는 절대 요동하지 않았다.

생계를 위해 뛰어든 보험영업은 나를 완전히 바꾸어 놓았다. 치열한 영업 현장 속에서 살아남는 법을 배웠고, 소극적이고 세상을 향해 겁이 많았던 나는 적극적으로 변해 삶을 대하는 태도가 완전히 바뀌었다. 무엇보다도 가장 큰 성과는 구체적인 꿈과 목표가 설정되었다는 점이었다.

이제 나의 꿈을 성취하기 위해 마지막 출근을 하던 날, 영업사원들 앞에서 1시간 특강을 하였다. 꽤 오래전의 일이기에 강연 내용이 다 기억나지는 않으나, 외로운 영업 현장 속에서 용기를 가지라는 희망의 메시지였다. 또한 강사의 길을 가기위해 5년간 몸담았던 보험회사를 떠난다는 말도 덧붙였다.

지금도 가끔 그 시절을 반추해 보면 입가에 미소가 흐른다. 마지막이 아름다웠기에 다 아름답게 느껴지기 때문이다.

강연 준비할 때 가장 신경 쓰며 준비하는 부분은 첫 멘트와 마무리 부분이다. 청중들은 강사가 강연 중 다소 미흡한 부분이 있었어도, 마지막 부분이 감동적이면 전체 강연을 다 감동적으로 느낀다. 이렇듯 마지막이 주는 위력은 그 파급력이 상당하다.

마지막이 아름다운 사람으로 기억되는 한 여인이 생각난다.

세월이 흘러도 가장 아름다운 여인 1위로 선정된 오드리 햅번, 이런 찬사는 외모에서만 나온 말이 아닐 것이다. 은퇴 후 보여 준 그녀의 봉사활동이 더 큰 아름다움으로 기억되기 때문이다.

유니세프 친선대사로 에티오피아, 수단, 베트남 등 제3세계를 방문하며 적극적인 구호활동에 참여한 그녀는, 암으로 투병하던 1992년에도 소말리아를 방문하여 아이들을 향한 세계인의 관심을 호소한 바 있다.

그녀는 정녕 마지막이 아름다운 사람이었다.

올해 1월 13일, 눈보라가 휘몰아치는 서울역 광장에서 서울역 근처 노숙인 쉼터와 쪽방촌에서 기거하고 있는 노숙인분들 100여 명 앞에서 열강을 했다.

서울역 광장에 임시천막을 쳤으나 난로 하나 없는 천막 안은 몹시 추웠다. 영하의 온도에 날씨가 너무 추워서 마이크 잡은 손이 덜덜 떨려 왔다. 그러나 이토록 매서운 추위에도 강연을 듣기 위해 온 100여 분의 모습을 보니 힘이 솟구친 나는 혼신을 다해 열강을 했다. 노숙인분들을 향해서 이런 말을 하였다.

"사랑하는 여러분, 여러분들은 너무도 소중합니다. 세상의 기준이나 잣대로 볼 때는 초라하게 볼 수 있으나, 여기 계신 여러분 한 분 한 분과 이 천지(天地)를 바꾸라고 하면 절대 안 바꿀 정도로 소중한 여러분들입니다. 여러분, 진심으로 사랑합니다. 제가 과거 노숙인 생활을 경험하지 않았다면 저는 감히 여러분들을 향해 사랑한다고 표현할 수 없었을 겁니다. 강사의 형식적인 표현이 아님을 여러분 아시지요?”

어느새 내 눈에선 눈물이 주르르 흐르고 있었다. 나는 울먹이는 목소리로 진심을 가득 담아 희망을 전했다.

내 목소리가 얼마나 우렁차고 애절했던지 지나가던 행인들이 걸음을 멈추고 천막 안을 들여다볼 정도였다. 들어오라는 나의 말에 뒤쪽에 앉아서 강연을 청강하였다.

열강이 끝나고 우리 부부는 낱개 포장한 따뜻한 양말을 나눠 드렸다. 이른 아침 대전에서 열차를 타고 양말 보따리를 들고 서울역 광장에서 노숙인분들에게 희망을 나눠 드린 이유는 오래전 만들어 놓은 나의 묘비명이 부끄럽지 않기 위해서다.

긴 세월 동안 노숙인, 교도소 수형자, 장애인, 한 부모 가장 등 소외된 분들에게 사랑과 희망을 나누어 드리는 나의 삶이 참 행복하다.

그리고 나의 가장 큰 꿈은 묘비명의 완성이다.

최일주 묘비명

이 땅에서 힘없고, 병들고, 가난하여 소외된,

이웃을 끔찍이도 사랑하고 섬겼던 최일주,

여기에 잠들다.

'복' 실은 자동차

추석 전, 남편이 첫 책을 출간했다. 내 책이 출간되었을 때보다도 마음이 더 기뻤다. 책을 펼치니, 그동안의 아픔이 아스라이 떠올라 눈물이 핑 돌았다.

돌이켜 보면 한 치 앞도 보이지 않던 어두운 터널을 둘이 꼭 손잡고 걸어 나왔다. 더 이상 걸어갈 힘이 없다고 주저앉을 때면, 남편이 나를 다독여 다시 일어설 수 있었다.

평소 사람을 잘 믿는 내 어리석음으로 넓은 아파트가 순식간에 날아갔다. 생각할수록 기가 막혀 도무지 견딜 수 없었다.

그러던 어느 날, 당시 아파트 22층에서 살던 나는 충격으로 혼이 나간 사람처럼 거실에 우두커니 앉아 있었다. 그 모습을 안타깝게 지켜보던 남편은 나를 일으켜 세우더니 창문으로 데려갔다.

"여보, 저 아래 자동차의 행렬들 보이지?"

"응……."

나는 마지못해 대답했다.

“자세히 봐봐. 우리 집에 복 주려고 복 실으러 가는 긴 행렬이야. 이쪽으로 들어오는 차들은 지금 막 복을 가득 싣고 들어오는 거라고. 조금만 더 힘을 내자. 이 시련은 우리가 반드시 겪어야만 하는 거라 생각하자.”

자상한 아빠가 사랑하는 딸을 위로하듯 말했다. 그날 밤, 남편의 위로는 큰 용기를 주었다.

“그래, 이 시련은 ‘언젠가는 그런 일도 있었지.’라고 회상하는 때가 올 거야.”

그 후, 자동차 행렬을 볼 때마다 복을 싣고 오고 있다는 행복한 착각을 했다.

그러나 또 다른 고난이 우리를 기다리고 있었다.

남편 앞으로 된 땅 1,000평이 경매로 날아간 것이다. 현시가 7억이었다. 교묘한 사기에 걸린 것이었다. 경매 후, 우리 손에 들어온 돈은 단돈 10원도 없었다. 밥을 먹던 중 전화를 받은 우리는 뜨거운 눈물을 흘렸다.

나는 고래고래 소리 지르고 싶었다.

“그래! 다 가져가라. 어차피 빈손으로 왔다가 빈손으로 가는 인생, 다 가져가 버려!”

악을 쓰며 대로(大路) 한복판에서 괴성을 지르고 싶었다.

하지만 시간이 지나면서 매사를 긍정적으로 여기기로 했다. 어차피 우리 것이 아니기에 그런 일이 생긴 거라며 서로를 위로했다. 지금 강의 소재를 얻고 있는 것이라고, 더 많은 사람들을 위로

할 날이 올 거라고, 밑바닥까지 내려왔으니 이젠 올라갈 일만 남았다고, 언젠가 아무렇지 않게 과거 이야기를 하게 될 거라고. 이렇게 둘이 한마음이 되어 시련의 바다를 건넜다.

하루는 지방으로 강연을 다녀오는데, 경비가 넉넉하지 않았다. 대중교통으로 가기엔 피곤할 것 같아 남편이 운전해 주었다. 그런데 차 기름이 얼마 없었다. 집까지 간신히 갈 것 같지 않아 가슴 졸였지만, 다행히 집에 도착할 수 있었다. 우리는 손을 꼭 잡고 감사 기도를 했다.

오래전 있었던 일이지만, 어제 일처럼 기억이 또렷하다. 원망과 불평을 할 상황이었지만, 웃으며 위기를 감사함으로 넘길 수 있었다.

당시 남편은 오랫동안 식구들을 위해 막노동을 했다. 처음에는 노동 현장에서 일할 얼굴이 아니라고 여러 번 거절당했다. 그래도 꿋꿋이 비가 오나 눈이 오나 일했다. 자신이 부족하여 더 부서지고, 깨져야 되기에 하나님이 허락하신 거라고 웃으며 일을 하였다. 때로는 건설 현장에서 떨어지기도 하고, 열등의식이 많은 노동자로부터 폭행도 당했다. 수없이 여러 번 생명의 위협을 느낄 정도로 건설 현장은 위험했다.

낮에는 건설 현장에서 막노동을 하고, 밤에는 자신의 전문 분야를 공부하며 꿈을 향해 달려갔다. 그리고 비로소 책을 출간하고 강의를 시작하게 되었다.

이렇게 혹독한 연단을 받은 우리 부부는 이제 '부부 강사', '부부

작가'로 첫발을 내딛게 되었다.

얼마 전, 서울에서 이 사회의 핵심 리더 대상으로 우리 부부가 열강을 하게 되었다.

그렇게 우리의 꿈이 이루어지기 시작했다. 현재 우리 부부는 두 번째 책도 열심히 쓰고 있다. 나는 위기가 올 때마다 윌리엄 어네스트 헨리의 시를 떠올린다.

"분노와 눈물로 가득 찬 이곳엔 어둠의 공포만이 어렴풋이 떠오른다. 그러나 세월의 위협은 지금도 앞으로도 내가 두려워하는 모습을 보지 못하리라. 문이 얼마나 좁은지 아무리 많은 어려움이 날 기다릴지라도 중요치 않다. 나는 내 운명의 주인, 나는 내 영혼의 선장이다."

수험생에게 보내는 희망 편지

몇 년 전, 늦둥이 아들이 고3 때의 일이다.

'고3'이라는 위치가 주는 중압감이 엄마인 내게도 고스란히 전달되어 함께 1년을 보냈다. 영화감독이 되고 싶다는 아들은 야간자습을 하지 않고 일찍 집에 와서 영화 공부를 혼자 하였다. 우리 부부는 아들이 하고 싶어 하는 것을 적극적으로 지지해 주었다. 그 결과 원하는 대학, 원하는 학과에 합격했다.

지방에 거주하던 아들은 서울에 있는 대학에 입학하여 하숙 생활을 하면서 대학교를 다녔다. 대학 생활이 어떠냐는 우리 부부의 질문에, 아들은 환하게 웃으며 너무 재미있다고 말했다. 그 말을 듣고 우리 부부는 얼마나 기뻤는지 모른다. 현재는 나라의 부름을 받고 군인으로서 충실히 자신의 임무에 열중하고 있다.

수능시험을 앞둔 학생들에게 엄마의 마음으로 등을 토닥이며 힘껏 포옹해 주고 싶다. 지금까지 참고 견디며 여기까지 걸어온 여러분들에게 힘찬 응원의 박수를 보낸다. 그러면서 소중한 여러분들에게 인생 선배로서 몇 가지 당부를 드리려 한다.

"첫 번째, 최선을 다해 시험을 치르되 수능결과에 좌절하거나 실망하지 마세요."

강우석 감독의 〈행복은 성적순이 아니잖아요〉라는 영화가 있었다. 영화 제목을 보기만 해도 속내가 펑 뚫린다. 그렇다. 행복은 성적순이 아니다. 인생을 50년 넘게 살아온 필자의 고백이다.

"두 번째, 자신이 하고 싶은 일을 하십시오.

직선코스로 곧장 못 가고 돌아가더라도 여러분들이 행복할 것 같은 직업을 선택하십시오. 여러분 자신은 여러분이 가장 잘 알고 있으니 주변영향을 받지 마십시오."

필자의 부모님은 은행원이 되길 바라셨으나, 필자는 몸서리쳐지도록 싫었다. 감성적이고 우뇌형인 필자는 작가가 꼭 되고 싶었다. 이 글을 쓰고 있는 이 순간도 참 행복하다. 하나님은 사람을 창조하실 때 각각 재능을 주셨다. 이 세상에 재능이 없는 사람은 단 한 사람도 없다.

"세 번째, 책을 늘 가까이하세요. 책은 곧 스승입니다."

이 세상 존경받는 위인들 곁에는 항상 책이 있었다. 필자 자신도 어릴 적부터 '책벌레'라는 소리를 들을 정도로 책을 무척이나 좋아했었다. 현재도 많은 양의 책을 늘 읽고 있다.

"네 번째, 감사 일기와 손 편지를 쓰십시오."

언젠가 〈개그콘서트〉에 어떤 개그맨이 나와서 감사제목을 이야기한 후 "감사합니다.", "감사합니다."를 연발하는 프로그램이 있었다. 그가 맡은 대사기에 그렇게 했다. 그 후, 개그맨은 놀라운 고백을 했다. 감사하다고 계속 말했더니 감사한 일들이 계속 생기고 있다고…….

이는 우연의 일치가 아니다. 우리의 삶은 우리가 생각하고, 상상하고, 말하고, 쓰는 대로 이루어진다. 내가 현재 하는 말은 나의 미래에 대한 예언이다. 그러기에 항상 긍정적인 말, 희망을 주는 말, 감사하는 말, 축복의 말을 해야 한다.

"말이 씨가 된다."라는 말이 있다. 부정적인 말이든, 긍정적인 말이든 말한 것이 씨가 되어 현실로 나타난다. 입증된 사례는 헤아릴 수 없을 정도로 많다. 필자 자신도 내 이름대로 전국 일주하며 강연할 거라고 말했는데, 현재 13년째 전국을 일주하며 열강하고 있다. 또 첫딸을 출산한 후 오랜 시간 이후 아들을 낳을 거라고 입버릇처럼 말했는데, 첫딸 출산 후 11년 만에 기적같이 아들이 태어났다.

이 시대는 손 편지를 쓰는 사람이 그리 많지 않다. 그러나 우뇌시대이면서 감성시대인 21세기에 손 편지는 사람의 마음에 깊은 감동을 선사한다. 쓰는 사람도 행복하고, 받는 사람은 더 행복하다.

지금 당장 감사 일기를 매일 써 보라! 감사할 일들이 꼬리에 꼬리를 물고 생길 것이다. 그리고 지금 당장 손 편지를 써 보라. 지금까지 뒷바라지해 주신 부모님, 그 외에도 고마운 분들에게 써 보자.

"남을 행복하게 해 주는 삶이 가장 아름답다." 남을 행복하게 해 주어야 내가 행복하다. 사람은 자신의 유익보다는 타인의 유익을 위해 살 때 기쁨이 넘친다.

수험생 여러분!

소중한 여러분 앞길에 탄탄대로(坦坦大路)가 펼쳐지길 기도하면서, 맑은 정신으로 시험 잘 보길 기도할게요.

여러분들을 진심으로 사랑하며 축복합니다.

내 옆을 지키는 사람

몸이 심하게 불편한 장애인 남자를 온 마음과 정성을 다해 돌봤다. 등에 업고 다니고, 대소변을 두 번씩이나 받아내고 여성 가장으로서 역할을 감당하였다. 부모님 가슴에 대못을 박고 선택한 남자이기에 더 애지중지 보살폈다. 친정아버지에게 손을 내밀어 장애인 오토바이를 사 주기도 했다. 최선을 다해 그를 보호했고 울타리가 되어 주었다.

그러나 이런 나의 정성에도 불구하고 결혼 생활 25년째 되던 어느 날, 부산에 살고 있는 자신의 여자(?)가 자기 아기를 임신했다고 내게 끝내 달라고 애원하였다. 결혼 후 3년 되던 무렵, 우리 집에 데리고 있던 여고생과 부적절한 관계를 맺어 힘들게 용서하고 참고 살아왔으나 계속되는 여자 문제에 이젠 갈 때까지 간 상태였다.

1급 지체장애인 남자와 살면서 온갖 고생을 다했는데, 그 결과가 '철저한 배신'이었다. 나는 또다시 크게 절규하였다. 미친 여자처럼 울부짖으며 높은 다리 난간에 올라 자살을 생각하고 수면제를 사 모으기도 했다. 두 아이들은 도덕적으로 피폐한 아빠와 더 이상 못 살겠다며 헤어짐을 간절히 원했다.

그런데 내가 헤어짐에 동의하지 않으니, 어느 날 차마 입에 담을 수 없는 치욕적인 말을 내뱉었다. 제정신으로는 차마 할 수 없는 말이었다. 그 말을 듣는 순간, 둔기로 머리를 맞은 듯 큰 충격을 받고 헤어짐에 동의했다.

그런 후 매일, 아니 순간순간 자살을 생각했다. 25년을 바친 내 청춘이 너무 아까웠다. 억울하고 분한 마음에, 죽음만이 최선의 선택이라고 생각했다. 사랑하는 두 아이들을 생각해서 살아야 하는데, 살 기력이 조금도 남아 있지 않았다.

그런 와중에 마지막으로 '임종체험'을 하기로 결정했다. 한 가닥 지푸라기를 잡는 심정으로…….

그런데 바로 그곳, 임종체험관에서 옆지기를 만났다.

아니, '내가 행복하기를 바라시는 하나님께서 옆지기를 그곳으로 인도하셨다.'는 표현이 더 합당하다. 빨간색 추리닝을 입고 유언장 쓰는 장소로 들어온 나를 보는 순간, '저 여인은 무슨 사연이 있기에 이곳에 왔을까? 참 가여워 보인다.'라고 생각했다고 한다. 그러면서 내 모습이 마음에 들어 계속 나를 쳐다보았다고 한다.

이 부분은 정말 이해되지 않는다. 얼굴이 부어서 초라한 모습이었음에도 불구하고 내게 호감을 느낀 것은, 진정 하나님께서 인도하신 일이 분명하다고 느끼는 바이다.

그 후, 1년의 시간이 지났다.

하루도 쉬지 않고 연이은 지방 출장 강연으로 내 몸은 지쳐 있었다. 급기야 배에 가스가 차서 배가 임산부 막달 배처럼 나와서 병원에 입원했다.

바로 이때 옆지기로부터 한 통의 전화가 왔다. 힘이 없는 나의 목소리에 깜짝 놀라면서 꼬치꼬치 물어서 병원에 입원했다고 말했다. 안타까워하는 목소리로 아픈 나를 위해 간절히 기도 하겠다고 말했다. 기도를 하든 말든, 그때는 남자 자체에 전혀 관심이 없었다. 철저히 배신당했기에 더더욱 남자를 믿을 수가 없었다. 남자를 향한 마음을 굳게 닫은 나는 다 그놈이 그놈일 거라 생각했다.

옆지기는 진심 어린 사랑으로 다가왔으나, 쉽사리 마음의 문을 열지 않았다. 시간이 갈수록 상처로 얼룩져 있는 나는 옆지기의 사랑을 의심했고, 수없이 발로 찼다.

그러나……. 내 상태가 어찌하든지 옆지기는 변함없이 나를 사랑했다. 오래 걷게 했다고 지하철 계단에서 신발을 집어던지고, 자존심 상하게 했다고 을지로 대로변에서 손들고 서 있게 했고, 내게 듣기 거북한 말을 했다고 지갑을 집어던지고, 차 안에서 닥치는 대로 물건을 집어던졌다. 조금만 내 귀에 거슬리는 이야기를 하면 고래고래 소리를 질렀다. 25년 받은 상처를 옆지기에게 다 쏟아냈다.

나는 마치 길들이지 않은 야생마 같았다. 이 모든 것을 다 받아주고 감싸 주는 옆지기에게 어느 날 "당신, 사람이야, 신이야? 신이지?" 하고 물었다. 그러자 옆지기는 이 말을 듣고 빙그레 웃으며 이렇게 말했다.

"나는 당신과 아이들을 내 목숨 이상으로 사랑해. 이건 내 힘이 아니야. 주님께서 내게 주신 사랑의 힘이야."

놀라운 사실은 두 아이들도 옆지기와 나 사이에서 낳은 아이들이라는 마음이 처음부터 들었다고 말한 것이다. 옆지기의 변함없는 사랑에 나의 상처 조각들은 하나씩 떨어져 나갔고, 그 사랑에 힘입어 몸도 마음도 새롭게 태어났다.

나를 너무도 사랑하는 하나님께서 어려서부터 원하던 이상형을 짝으로 보내 주셔서 예전에 전혀 맛보지 못한 행복을 처음으로 만끽하며 1막2장, 인생을 살고 있다.

남편이 최선을 다해 벌어다 주는 돈으로 살림하는 행복, 정신 · 육체가 건강한 남편과 손잡고 걸으며 데이트하는 행복, 사랑하는 남편을 위해 정성껏 음식을 만들어 놓고 남편을 기다리는 행복, 손 편지를 주고받으며 기뻐하는 행복, 책을 좋아하는 우리가 책을 읽고 서로 토론하는 행복, 함께 영화를 보고, 운동하는 행복……. 이 모두가 태어나서 처음으로 느끼는 행복이다. 세월이 갈수록 서로의 사랑이 깊어 가고 있다.

물론 항상 행복하지는 않았다. 서로 부딪히며 다듬어지고, 서로 조화로워지고 있다. 서로에 대해 힘들었던 시간도 참 많았지만, 나를 향한 변함없는 사랑과 신뢰에 감사할 뿐이다.

이런 일도 있었다.

서울에서 강연을 마치고 열차를 타고 집으로 내려오고 있었다. 강연 후 피곤이 몰려와 나는 잠이 들었다. 잠든 내 모습을 보니,

옆모습이 투박하고 괴물처럼 보여서 고개를 돌렸다고 한다. 계속 쳐다보다간 정이 떨어질 것 같아 의식적으로 쳐다보지 않았다고 한다.

한참 후에 고백을 했다. 나는 깜짝 놀랐다. 한편으론 남편의 깊은 마음에 감동을 받았다.

"당신, 지금은 예쁘고, 사랑스럽고, 귀여워졌어. 영, 혼, 몸이 변화했어."

그렇다. 남편의 사랑이 나를 완전히 변화시켰다. 또한 옆지기와 대화를 할 때마다 남편을 힘들게 했다. 남편이 무슨 이야기를 하면 항상 대립각을 세우고 공격했다. 그런 나를 위해 기도해 주고, 설득하고 타이르기를 수백 번 한 옆지기의 인내와 사랑으로 나는 멋지게 성장하고 있다. 언젠가 공지영 작가의 『우리들의 행복한 시간』을 읽었다. 그 책에 이렇게 쓰여 있다.

"사람은 누구나 사랑받고 싶고, 사랑하고 싶은 기본적인 욕구를 갖고 있다."

나는 남편의 사랑으로 새로운 나로 탄생하였다. 영, 혼, 몸이 변화된 것이다.

"서로가 아니면 존재할 수 없는 이 사랑이 내게로 와 나의 온 우주가 되었다."

결혼기념일 날, 남편이 내게 선물한 글이 가슴에서 메아리치고 있다.

잊혀 지지 않은 자는 죽은 것이 아니다

다사다난했던 한 해가 가고 새해가 왔다.

뭇사람들은 신년 계획을 세우고 새로운 마음으로 새해를 맞이한다. 필자도 어김없이 새해 계획을 세웠다.

“1. 수많은 사람들로부터 ‘잊히지 않는 최일주’가 될 것.”

가장 중요한 순서부터 기록된 계획표 항목 중 올해도 당당히 1등(?)을 차지하였다.

영국 작가 새무얼 버틀러는 “잊히지 않은 자는 죽은 것이 아니다.”라고 말했다. 나는 이 말을 참 좋아한다. 선한 욕심이 많은 나는 강연을 할 때마다 스스로 이렇게 외치고 무대에 오른다.

“일주야, 너 오늘 이곳에서의 강연은 너의 삶 속에서 처음이자 마지막 강연이야. 그러니까 오늘 혼신을 다해야 해. 알았지?”

내 안에 있는 나와 대화를 나눈 후에 연단에 오른다.

이 각오로 인해 나의 강연은 늘 가슴으로 열강을 한다.

얼마 전, 200명이 넘는 교육생분을 대상으로 한 강연도 90분 동안 신들린 사람처럼 열강을 했다. 강연이 끝난 후, 많은 분들이 우르르 몰려와서 명함을 요청하고 사인을 부탁했다.

그다음 날, 강연에 참석하였던 84세 아버님으로부터 장문의 메일이 왔다. 전날 나의 강연에 대한 극찬의 글을 읽고, 눈물이 핑 돌 정도로 벅찬 감동과 희열을 느꼈다.

나의 강의가 오랫동안 기억되고, 책을 읽은 독자들도 나의 책 속에 나오는 단 한 줄이라도 오래오래 기억을 해 주는 내가 되고 싶다. 이 선한 욕심이 나로 하여금 강연을 하고 책을 쓰는 행복한 작업을 하는 이유 중 하나이기도 하다.

암으로 천국에 가신 엄마, 그리고 고(故) 장영희 교수님은 내게 있어 돌아가신 분들이 아니다.

장 교수님의 책을 여러 권 읽으면서 그분의 사고와 의식세계, 감성, 인격, 부지런함, 명민함을 보면서 난 가끔 교수님과 대화를 한다. 그분은 책을 통해 내게 말씀하고 계신다. 엄마도 마찬가지이다. 비록 엄마의 얼굴, 귀여운 손은 만질 수 없어 때론 힘들어 눈물 흘리지만 지방강의 갈 때, 산책할 때마다 엄마에게 다정히 속삭인다.

"엄마, 저 두 번째 책 열심히 쓰고 있어요. 작년에 쓴 원고는 세 번째 책 콘셉트로 미루어 놨어요. 엄마, 일주 지켜보고 계시지요?"

생전에 계실 때는 반말로 대화했는데, 천국 가신 이후에는 젊잖게(?) 존댓말을 하는 것만 빼고는 대화 방식이 똑같다.

그러면 엄마는 빙긋이 미소 지으며 화답하신다.

"내가 항상 지켜보고 있어. 악한 끝은 없어도 착한 끝은 있어. 조금만 더 힘내, 일주야."

이런 대화를 하다 보면, 엄마의 육신도 내 곁에 있는 것을 느낄 때가 많다. 존경하는 장영희 교수님 책을 읽으면서도 이런 대화를 수시로 하곤 한다.

"어머나, 교수님도 평소에 사람들의 마지막 말에 관심이 많으셨군요. 저도 그렇거든요. 사람들이 이 세상 떠나면서 마지막으로 어떤 말을 남기고 가는지 궁금했거든요. 그런데 교수님이 이 세상을 떠나면서 남긴 마지막 말은 '엄마, 미안해.'라는 내용의 신문기사를 읽고 저는 뜨거운 눈물을 흘리고야 말았어요. 평생을 살아오시면서 말로 다 형언할 수 없는 엄마의 사랑에 보답하지도 못하고 먼저 떠나는 교수님의 마음이 얼마나 힘드셨겠어요. 교수님, 살아 계셨더라면 제가 벌써 찾아가 뵈었을 거예요. 교수님과 악수도 하고요."

나도 감히 욕심을 내 본다. 나의 육체가 살아 있든 이 땅을 떠나든 쉽게 잊히지 않는 최일주가 되고 싶다.

사랑을 미루지 않는 습관

힘든 시절, 정신적 지주 역할을 해 주신 교수님이 계셨다.

훤칠한 키에 마음이 따뜻하고 자상하셔서 학생들에게도 인기가 많았다.

보험회사를 다니면서 배움에 목말라하던 나는 대학 경영행정대학원 최고경영자과정에 입학했다. 수업이 있는 매주 화요일은 더 분주했다. 내가 쓴 수필, 산문시, 명언을 사무실에서 복사한 후, 일찍 학교에 도착하여 교실 앞 책상에 가지런히 놓았다. 원우들은 그날 있을 강의 자료보다 내가 쓴 글을 더 좋아했다. 매주 빠짐없이 글을 써 주니, 다음 주엔 어떤 글을 갖고 올까 내심 기대가 된다고 말하기도 했다. 지금 생각하면 빙그레 웃음이 나온다. 부족한 글이었는데 매주 열심히 읽어 준 원우들이 고맙다.

교수님은 경영자과정 지도교수님이셨다. 매주 남들보다 일찍 와서 단 한 번도 빠짐없이 원우들에게 좋은 글을 챙겨 주는 내게 고마워하셨다. 덕분에 수업 분위기가 좋아졌다고 흐뭇해 하셨다.

보험회사를 다니면서부터 적극적인 성격으로 변화한 나는 학교

행사에 열정적으로 참여했다. 그런 나를, 교수님께서는 아버지처럼 챙겨 주셨다.

졸업후 가끔씩 안부전화를 드렸다.

그러나 개인적인 아픔으로 경황이 없어 수년 동안 안부 전화도 못했다.

남편을 만나 차츰 상처가 치유되고 사랑을 받으며 안정을 찾아가고 있던 어느 날, 교수님이 꿈에 나타나셨다. 예전에도 여러 번 꿈속에 보이셨는데, 요번에는 꿈이 현실처럼 생생하여 전화를 했다. 그런데 여전히 없는 번호라는 멘트가 들려왔다.

대학교 홈페이지에 들어가 교수님과를 찾았다. 6년 전 사진에는 학생들과 찍은 사진이 있는데, 그 후는 모습을 찾을 수가 없었다. 참 이상한 일이었다. 교수님이 수업하시던 과에 전혀 모르는 분이 수업하는 사진이 보였다.

놀란 나는 대학교에 전화를 걸었다. 나의 신분을 밝히고 교수님 안부를 물었다. 그런데 전화 받으신 선생님의 목소리가 갑자기 낮아지더니,

"교수님 5년 전에 암으로 갑자기 돌아가셨어요."

"네? 지금 무슨 말씀이세요? 돌아가셨다고요?"

"네, 암을 늦게 발견하여 갑자기 돌아가셨어요."

어느새 내 눈에선 눈물방울들이 뚝뚝 떨어지고 있었다.

"세상에, 이럴 수가……."

나중에 안 사실은, 5년 전 겨울 어마어마한 폭설로 온 나라가 흰

눈으로 세상을 덮었을 때 장례를 치렀다고 한다. 그런데 눈이 너무 많이 와서 많은 사람들이 참석하지 못했다고 한다. 평소 눈을 좋아하셨나 보다. 아니면, 혼자 훌쩍 떠나고 싶으셨나.

한참 후 눈물을 닦고 곰곰이 생각해 보니, 여러 번 내 꿈에 나타나셔서 당신의 부재를 알려 주신 것이다.

우리 집에 초대하여 맛있는 음식을 대접해 드리고, 옆지기와 행복하게 사는 모습도 보여 드리고 싶었는데…….

강사, 작가로서 멋지게 살아가는 모습도 보여 드리고 싶었는데…….

내 책도 사인하여 드리고 싶었는데…….

언제까지나 그 자리에 계실 줄 알았는데…….

지금도 젊은 나이에 가신 교수님을 생각하면 가슴이 먹먹해진다.

교수님의 부재를 확인한 후, 내게는 변화가 생겼다.

나의 주변 이웃들을 비롯하여 더 많은 분들을 최선을 다해 사랑하기로 했다. 또한 지인들에게 안부전화 먼저하고, 메시지 먼저 보내서 소식을 알기로 했다. 점점 더 사랑이 메마르고 있는 이 세상에서 더 먼저 이해하고, 공감하고, 감사하다는 표현도 아낌없이 하기로 하였다. 또한 많은 사람과의 만남의 인연도 당연하게 생각하지 않고, 처음이자, 마지막만남 이라는 자세로 귀중하게 생각하기로 마음 먹었다. 그리하여 소중한분들의 생명이 이 땅을 떠났다는 소식이 들려와도 통곡하며 더 사랑할걸, 더 챙겨줄걸, 더 이해할 걸 하는 후회의 눈물을 흘리지 않으리라 각오하였다. 교수님의 부재는 내게 커다란 충격으로 다가왔지만, 많은 교훈을 안겨주고 가셨다. 나는 오늘도 사랑을 미루지 않는 습관을 기르기 위해 지인들에게 전화 버튼을 누르고 있다.

| 에필로그 |

모든 일은 '준비된 기적'이었다

존경하는 고(故) 장영희 교수님 책, 『살아온 기적, 살아갈 기적』에 "희망을 너무 크게 말했나"라는 에필로그가 있다.

교수님 책을 읽으면서 매력에 빠져들었다. 어떤 상황에서도 희망을 말하고 있는 교수님이 존경스러웠다.

돌이켜 보면, 나도 절체절명의 순간에도 희망을 크게 말해 왔고, 지금도 말하고 있다.

원고를 쓰는 동안 행복했다. 물론 나의 상처를 드러낼 땐 부끄러웠지만, 누군가에게 동질감을 느끼게 하며, 공감대 형성을 일으키어 결국 희망을 크게 말한 내 말이 소중한 독자의 가슴에 울림이 된다면 상처도 아름답다 생각했다. 왜냐하면 용기 있는 자만이 상처를 드러낼 수 있기에, 치부조차 상처 치료에 꼭 필요한 보약이기 때문이다.

글을 쓰는 내내, 이 책을 통해 새롭게 만날 독자의 얼굴을 상상하며 썼다.

오늘 아침, 옆지기가 출근하던 중 일어난 나를 보더니 반색을 하면서,

"우리 아기, 벌써 일어났어?"

라고 말했다. 누가 들으면 닭살 멘트라고 놀리겠지만, 오랫동안 듣고 싶어 한 말이다.

얼마 전, 이혼당하고 혼자 사는 분과 통화를 하였다.

"강사님, 저는 재혼하면 유치하게 살 거예요."

"네? 무슨 뜻인가요?"

"유치하다 싶을 정도로 맘껏 사랑하며 살 거예요."

"아, 네!"

"강사님 부부 뵈면 너무 부러워요. 어쩜 그렇게 뜨겁게 사랑하고 사세요? 두 분도 유치하게 살고 계시잖아요."

눈치가 빠르지 못한 나는 그제야 고개를 끄덕였다.

내 삶을 돌아보면, 기적의 연속이었다.

노숙인, 구두닦이를 전전하던 여자가 강사가 된 것도 기적이고, 숱한 시련을 이겨 낸 것도 기적이다. 배신의 쓴잔을 마신 후 죽음의 문턱에서 옆지기를 만난 것도 기적이다. 그러나 이 모든 일은 '준비된 기적'이었다.

이 책이, 울고 있는 이들의 눈물을 닦아 주고, 지치고, 외로운 이

들에게 삶의 열정을 불러일으키는 책이 되길 기도한다. 읽는 모든 분들이 마음으로 토해 낸 글을 읽고, 가슴이 뜨거워지고 '나도 할 수 있다'는 자신감이 생겨, 멋지게 변화되어 아름다운 새 인생을 사는 것이 이 책을 쓴 이유이다. 나의 바람이 이루어지리라 믿는다.

끝으로, 너무도 소중한 여러분에게 고백합니다.
온 마음을 다해 여러분을 사랑합니다.

인고의 시간을 지나,
우리들에게 열매를 선물하고 있는
어느 가을날 아침에